Col·lecció
«Treballs d'Informàtica i Tecnologia»
Núm. 53

ESTADÍSTICA APLICADA A LA CRIMINOLOGÍA Y SEGURIDAD

Manuel Forner Gumbau
Cristina Bors Tomescu

UNIVERSITAT
JAUME I

BIBLIOTECA DE LA UNIVERSITAT JAUME I. Datos catalográficos

Noms: Forner Gumbau, Manuel, autor | Bors Tomescu, Cristina, autor | Universitat Jaume I. Publicacions, entitat editora | Universitat Jaume I. Departament de Matemàtiques

Títol: Estadística aplicada a la criminología y seguridad / Manuel Forner Gumbau, Cristina Bors Tomescu

Descripció: Castelló de la Plana : Publicacions de la Universitat Jaume I. Servei de Comunicació i Publicacions, 2024 | Col·lecció: Treballs d'informàtica i tecnologia ; 53 | A la part superior de la portada: Universitat Jaume I. Departamento de Matemáticas | Inclou referències bibliogràfiques

Identificadors: ISBN 978-84-19647-96-2 (paper) | ISBN 978-84-19647-97-9 (pdf)

Matèries: Estadística criminal

Classificació: CDU 311:343.9 | THEMA PBT

UNIÓN DE EDITORIALES
UNIVERSITARIAS ESPAÑOLAS
www.une.es

Publicacions de la Universitat Jaume I es miembro de la UNE, lo que garantiza la difusión y comercialización de sus publicaciones a nivel nacional e internacional. www.une.es

FOTOCOPIAR LLIBRES
NO ÉS LEGAL

Cualquier forma de reproducción, distribución, comunicación pública o transformación de esta obra solo puede ser realizada con la autorización de sus titulares, salvo excepción prevista por la ley. Diríjanse a CEDRO (Centro Español de Derechos Reprográficos, www.cedro.org) si necesitan fotocopiar o escanear fragmentos de esta obra.

Edita: Publicacions de la Universitat Jaume I. Servei de Comunicació i Publicacions Edifici Rectorat, planta 0. Av. Vicent Sos Baynat, s/n 12071 Castelló de la Plana Tel. 964 72 8821   publicacions@uji.es

ISBN papel: 978-84-19647-96-2
ISBN pdf: 978-84-19647-97-9
DOI: http://dx.doi.org/10.6035/INFiTEC.53

Depósito legal: CS 345-2024

Este libro, de contenido científico, se ha evaluado por personas expertas externas a la Universitat Jaume I, mediante el método denominado revisión por iguales, doble ciego.

ÍNDICE

PRÓLOGO

El presente trabajo surge con la intención de ser utilizado en la asignatura Introducción a la estadística, dentro del grado de Criminología y Seguridad de la UJI. En él se recoge la experiencia y profesionalidad acumulada por los autores durante los años que han impartido la asignatura.

La idea principal que nos ha motivado a confeccionar este material es la de tratar de paliar las dificultades que se presentan al alumnado de una carrera no científica ante el reto de adquirir saberes y destrezas matemáticas que, en el caso concreto de este trabajo, se circunscriben a la estadística.

Pero, además, la experiencia profesional acumulada tras años de conversaciones con el alumnado, nos ha revelado que muchos de ellos llegan a superar la asignatura sin entender el significado de lo que hacen, por no poder traducir al lenguaje diario el significado de los resultados matemáticos que obtienen en los diferentes problemas que realizan. El resultado de esta falta de comprensión es que no son capaces ni le ven utilidad a introducir estos conocimientos, saberes y destrezas adquiridos en su quehacer profesional, con la pérdida absurda de recursos que esto comporta.

Por todo ello, nos hemos decidido a confeccionar este material para que, con el buen hacer profesional de la persona o personas que impartan esta materia en la UJI o en cualquier otra universidad, o que tengan algún grado que incluya los tópicos aquí tratados, encuentren un soporte y una guía para poder desarrollar con éxito su trabajo.

No obstante, este no es un manual de uso exclusivo para el profesorado. Nuestra intención es que cualquier persona interesada en los tópicos que aquí se exponen, sea por motivos profesionales o personales, encuentre en él un material útil y eficaz de estudio y/o consulta.

La elaboración de materiales curriculares universitarios por parte del profesorado requiere, además del dominio exhaustivo de la materia que se debe impartir, ser capaz de conocer las capacidades, inquietudes y necesidades del alumnado al que va dirigido el material. Este conocimiento del alumnado se puede adquirir con la experiencia que se alcanza al impartir dicha materia. Asimismo, se deben elaborar y plasmar los prerrequisitos que deben tener adquiridos las personas receptoras de los conocimientos que se van a transmitir.

Ahora bien, aunque se den las circunstancias anteriormente descritas, no creemos que se esté en condiciones aún de elaborar un material adecuado si no se hace un análisis más profundo de las necesidades del alumnado al que va dirigido el trabajo, cuál es el punto de partida de las personas que integran el conjunto de receptores y qué conocimientos previos poseen sobre los conceptos que se van a tratar.

Llegado a este punto es conveniente exponer las palabras de Bachelard (1948):[1]

La ciencia, tanto en su principio como en su necesidad de coronamiento, se opone en absoluto a la opinión. Si en alguna cuestión particular debe legitimar la opinión, lo hace por razones distintas de las que fundamentan la opinión; de manera que la opinión, de derecho, jamás tiene razón. La opinión piensa mal; no piensa; traduce necesidades en conocimientos. Al designar a los objetos por su utilidad, ella se prohíbe el conocerlos. Nada puede fundarse sobre la opinión: ante todo es necesario destruirla. Ella es el primer obstáculo a superar. No es suficiente, por ejemplo, rectificarla en casos particulares, manteniendo, como una especie de moral provisoria, un conocimiento vulgar provisorio. El espíritu científico nos impide tener opinión sobre cuestiones que no comprendemos, sobre cuestiones que no sabemos formular claramente. Ante todo es necesario saber plantear los problemas. Para un espíritu científico todo conocimiento es una respuesta a una pregunta. Si no hubo pregunta, no puede haber conocimiento científico.

Adaptando las reflexiones del párrafo anterior a las personas a las que va dirigido este trabajo, debemos señalar que el alumnado, cuando llega a las instituciones de enseñanza, posee una concepción propia de la realidad, fundamentada, entre otras influencias, en unos conocimientos empíricos adquiridos a lo largo de los años. Entonces, la tarea del docente debe consistir, en un principio, en derribar las ideas preconcebidas y los conocimientos empíricos ya constituidos; para después, desde el espíritu científico, construir un cuerpo de conocimientos acorde a la ciencia.

Como se ha indicado, un factor fundamental para tener en cuenta es la procedencia y formación previa del alumnado, dado que en función de la

---

[1]Bachelard, Gaston, 1948. Página 16 de *La formación del espíritu científico* (Siglo XXI Editores, SA: México).

misma se genera un abanico de conocimientos, preparación e intereses tremendamente dispar. En el caso concreto de las personas que se matriculan en el grado de Criminología, a grandes rasgos, nos encontramos con los siguientes grupos de receptores:

- Personas que han estudiado la asignatura de Matemáticas solo hasta cuarto curso de la Educación Secundaria Obligatoria, nivel en el que, mayoritariamente, escogieron la opción de las matemáticas aplicadas a las ciencias sociales. Lamentablemente, es muy habitual que estas personas, además de manifestar algunas dificultades de compresión, rechacen la asignatura de Matemáticas debido, entre otras razones, a que en la anterior etapa educativa, las matemáticas no han sido fundamentales para la consecución de sus objetivos.

- Egresados y egresadas en otras carreras que, por intereses personales o laborales, inician sus estudios en criminología. En este grupo, el abanico de posibilidades que existe es tan amplio que resulta imposible de enumerar.

- Integrantes de los cuerpos de seguridad del Estado, mayoritariamente policías y guardias civiles, que desean ampliar sus conocimientos y/o promocionar en su puesto de trabajo.

- Personas que han cursado un ciclo de grado superior y que desean ampliar sus conocimientos para prosperar en su trabajo o iniciarse en otra profesión.

Otro aspecto al que hemos de prestar atención es la idiosincrasia de la asignatura. La materia de estudio de este trabajo ofrece una introducción a la estadística. La estadística forma parte de las matemáticas y, por ende, añade una dificultad tanto a nuestro trabajo como a la comprensión del alumnado, ya que nos obliga a tener presente en todo momento que «las matemáticas son un lenguaje formal con sus propias reglas semánticas y sintácticas y, a la vez, son un medio riguroso para expresar el pensamiento» (Nesher 2000).[2]

Dado el nivel al que se va a trabajar, los requisitos previos para afrontar con éxito la materia no suponen ninguna barrera, ya que se va a partir de aspectos contenidos en las matemáticas que se estudian a lo largo de la educación secundaria obligatoria.

El trabajo se ha elaborado para que, sin abandonar el rigor científico, el alumnado pueda adquirir el nivel de conocimientos exigible a su titulación.

Finalmente, animamos a las personas que utilicen el libro a que nos hagan llegar sus valoraciones y comentarios críticos para así poder mejorarlo, al tiempo que deseamos que en su estudio puedan obtener el máximo partido posible.

---

[2]Nesher, Pearla (2000). «Posibles relaciones entre lenguaje natural y lenguaje matemático». En: Gorgorió, N., Deulofeu, J. y Bishop, A. (coords.). *Matemáticas y educación: retos y cambios desde una perspectiva internacional*, pp. 109-124.

INTRODUCCIÓN

En la actualidad resulta casi imposible no encontrarse en cualquier medio de comunicación alguna alusión al término estadística, al big data o a la inteligencia artificial (entendidos los tres términos como el análisis de un enorme volumen de datos). ¿Es este fenómeno indicativo de una cultura estadística de la sociedad? Nos gustaría responder a esta pregunta con una afirmación pero, por desgracia, no es así. Para refrendarlo veamos dos ejemplos, entre los muchos que nos podemos encontrar en los medios de comunicación:

★ El día 31 de enero de 2022 se publicaba, en la sección digital del periódico *El Confidencial* el siguiente titular: «La inteligencia artificial tampoco puede con Nadal: ¿por qué no supo predecir su victoria?» (Mario Escribano, 2022).[3] A nuestro entender, aunque consideramos adecuado el tratamiento de la información y la búsqueda de la opinión de expertos en el tema, observamos un sesgo intencionado en la redacción

---

[3]Por Mario Escribano 31/01/2022 - 20:34 Actualizado: 01/02/2022 - 14:12. https://www.elconfidencial.com/tecnologia/2022-01-31/ nadal-inteligencia-artificial-open-australia-grand-slam_3367467/

que predispone a la persona receptora sin conocimientos estadísticos suficientes a una interpretación errónea de los modelos matemáticos.

★ El 7 de noviembre de 2012, actualizado el 8 de noviembre de 2012, se publicaba en la página digital de la BBC News Mundo,[4] el siguiente titular: «Un matemático predijo la victoria de Obama y ahora es una celebridad». En la noticia se explica, a grandes rasgos, cómo un economista especializado en estadística, Nate Silver, fue capaz de interpretar correctamente, la gran cantidad de datos que se disponían sobre las elecciones presidenciales, aunque no fue el único que lo hizo. En el artículo se comenta el menosprecio que tuvo Nate Silver por parte de personas legas en estadística.

Aunque hayan pasado más de diez años entre la publicación de ambas noticias, el paso del tiempo no permite observar una mayor cultura estadística.

Otro hecho destacable es que muchas personas hablan y/o escriben noticias sobre estadística pero, tras escucharlas o leerlas, se observa que estas personas difícilmente podrían contestar correctamente a la pregunta: ¿qué es la estadística?

Antes de responderla, realizaremos un breve recorrido histórico que nos permita ponerla en contexto. Los datos que se muestran a continuación se

---

[4]https://www.bbc.com/mundo/noticias/2012/11/121107_elecciones_obama_usa2012_nate_silver_dp

han obtenido del artículo de 2005, «Historia de la estadística», extraído de la página.[5]

Grosso modo podríamos empezar diciendo que la estadística es una rama de las matemáticas. Ahora bien, con una definición tan genérica no se cubren las expectativas generadas al hablar de ella ni se deja entrever su potencial.

Los egipcios, alrededor del año 3050 a. C., y los babilonios, alrededor de 3000 a. C., recopilaban datos sobre cosechas agrícolas, cantidad de género vendido, datos relativos a la población y riqueza del país.

En China, con anterioridad al año 2000 a. C., se realizaban registros numéricos sobre el recuento de la población.

Los griegos, hacia el año 594 a. C., efectuaban censos periódicos con fines tributarios, sociales y militares.

Hacia el año 555 a. C., los romanos, fueron los primeros en utilizar de forma sistemática la estadística con un registro censal, cada cinco años, de los nacimientos, matrimonios y defunciones. También hacían recuentos periódicos del ganado y riquezas de las tierras conquistadas.

Durante los mil años posteriores a la caída del Imperio romano, la actividad estadística es prácticamente inexistente. En el año 1086, el rey Guillermo I, encargó un censo acerca de la propiedad, la extensión y el valor de las tierras de Inglaterra.

---

[5]https://cdigital.uv.mx/handle/123456789/5640

En los años y siglos posteriores, los reyes siguieron encargando la elaboración de censos relativos a diferentes aspectos que conllevaran la obtención de una información relevante para sus deseos.

Podríamos decir, usando términos actuales, que toda la estadística citada hasta este momento es la que denominamos estadística descriptiva.

En el siglo XVI se produce un hecho notable que hará cambiar sustancialmente la estadística: los primeros trabajos sobre probabilidad. Entre ellos se encuentra el de Girolano Cardano, publicado 86 años después de su muerte. No obstante, actualmente se considera que el nacimiento de la probabilidad vino derivado del contenido de la correspondencia entre los matemáticos Pierre de Fermat y Blaise Pascal en el siglo XVII.

A lo largo del siglo XVIII se inicia el auge de la estadística descriptiva en asuntos sociales y económicos. Sin embargo, es a finales de este siglo y principios del XIX cuando se empiezan a asentar verdaderamente las bases teóricas de la teoría de probabilidades con los trabajos de Lagrange, Laplace, Gauss, Poisson, Chebyshov y Harkov.

En el siglo XIX, Quételet fue el primero en aplicar todo el saber estadístico conocido hasta entonces a las diversas ramas de la ciencia, así como a las ciencias sociales. A finales de este siglo, Francis Galton ideó el método conocido como correlación que tiene por objeto medir la influencia relativa de los factores sobre las variables. Basándose en el trabajo de Galton, Karl Pearson establecería el coeficiente de correlación lineal y diseñó el conocido test de la chi-cuadrado.

Más adelante, Egon Pearson, hijo de Karl, y Jerzy Neyman desarrollarían las modernas pruebas conocidas como contraste de hipótesis, por lo que son considerados sus creadores.

Pero, sin ningún género de dudas, la figura más influyente de la estadística es Ronald Arnold Fisher que desarrolló el análisis de la varianza y fue pionero en numerosas técnicas de análisis multivariante. Cabe destacar la introducción del método de máxima verosimilitud para la estimación de parámetros. Su libro *Métodos estadísticos para investigadores*, publicado en 1925, es, posiblemente, el libro de estadística más utilizado a lo largo de muchos años.

Una vez concluido este somero y no exhaustivo recorrido por la historia de la estadística, ya nos encontramos en disposición de responder a la pregunta anteriormente planteada: ¿qué es la estadística?

Expresar una definición exacta de la estadística es una tarea complicada debido a su versatilidad. No obstante, se puede hacer una aproximación que sirva para contextualizar los conceptos expuestos en esta publicación.

Según la RAE[6] (Real Academia Española de la lengua) en su acepción quinta, la estadística es «la rama de la matemática que utiliza grandes conjuntos de datos numéricos para obtener inferencias basadas en el cálculo de probabilidades». Esta definición, aunque cierta, no abarca todas las posibilidades que ofrece la estadística.

---

[6]https://dle.rae.es/estad%C3%ADstico#GjpDTiC

Por su parte, el INE[7] (Instituto Nacional de Estadística) define la estadística como «la ciencia del estudio de los datos asociados a un suceso o experimento». Aunque su significado nos resulte algo abstracto, esta definición refleja mejor, que la expresada por la RAE, el concepto de estadística.

No obstante, el INE ofrece otra definición más acorde a las expectativas generadas sobre la estadística y sus posibilidades de uso: «La estadística es la herramienta que se utiliza cuando se quiere estudiar un hecho, el que sea, y no se conocen las leyes que lo rigen».

Para ampliar la información y dado que se puede convertir en una actividad muy interesante y clarificadora, sugerimos a todas aquellas personas interesadas en el tema, que inviertan un tiempo en navegar por la página web del INE y descubrir las diversas y múltiples aplicaciones que tiene en la actualidad la estadística.

Estadística y criminología

El uso de técnicas estadísticas en la criminología viene de antaño, pero para no remontarnos muy lejos en el tiempo y que la aplicación de la estadística nos resulte más cercana, hemos recogido la controversia suscitada entre la antropometría, estudio de las proporciones y medidas del cuerpo humano, y la dactilografía, técnica de identificación de personas mediante la impresión y comparación de las líneas epidérmicas de las yemas de los dedos de las manos.

---

[7]https://www.ine.es/explica/explica_pasos.htm

En 1882 Alphonse Bertillon (policía francés), hijo de Louis-Adolphe Bertillon (médico, antropólogo y estadístico), planteó la disciplina de la antropometría dando una aplicación práctica a los trabajos antropológicos de su padre.

El método consistía en la identificación de criminales basándose en las mediciones de diferentes partes del cuerpo y la cabeza, marcas individuales, cicatrices y otras características personales. No obstante, su método tuvo un estrepitoso fracaso cuando se encontraron a dos personas diferentes que tenían el mismo conjunto de medidas.

En 1892 Francis Galton introdujo en la obra *Fingerprints* (*Huellas dactilares*) el método de identificación mediante el estudio de las huellas dactilares. Este método fue mejorado el mismo año por el policía argentino Juan Vucetich que consiguió probar la autoría de un infanticidio mediante la utilización de su método.

En 1913 cuando Vucetich visitó París, Bertillon lo despreció públicamente por las duras críticas que el argentino había hecho del trabajo del francés.

La utilidad de la estadística dentro del ámbito de la criminología y seguridad es cada vez mayor. Consiste en proporcionar información sobre el estado y las tendencias de la criminalidad mediante un conocimiento de los hechos concretos, mostrando en qué circunstancias se cometen las infracciones y cómo están estas relacionadas con otros procesos y fenómenos.

La investigación acerca de la personalidad delictiva, la cuantificación de sus estados y niveles emocionales, su estructura y su dinámica, de los factores que la determinan y sus interdependencias puede influir significativamente a la hora de prevenir y combatir la delincuencia.

Asimismo, la estadística sirve como barómetro del funcionamiento del sistema jurídico, la eficiencia de las normativas vigentes, su aplicación práctica y las previsiones de modificaciones en el ámbito legislativo anticipando la necesidad de elaboración de leyes para combatir la criminalidad a partir del estudio de situaciones prácticas y concretas que permite cuantificar la infraccionalidad y evidenciar las tendencias de la criminalidad.

A modo de resumen de esta sección transcribimos el comienzo de las conclusiones de un artículo del profesor José Aureliano Martín Segura de la Universidad de Granada:

> La Criminología es una materia multidisciplinar, en la que confluyen la ciencia jurídica, la sociología, la psicología, la psiquiatría, la medicina, la economía, o la antropología. Esta es su riqueza y, también, su dificultad. Por tanto, el tratamiento estadístico que se dé a la misma dependerá del interés de la investigación y de la materia concreta que la aborde.[8]

Sumario

El objetivo del presente trabajo es procurar un material de consulta, de estudio y de trabajo para el alumnado de la asignatura Introducción a la

---

[8] «La ciencia estadística y la criminología». José Aureliano Martín Segura. *Revista de Derecho Penal y Criminología*, 3.ª época, n.º1 (2009), págs. 465-478.
http://e-spacio.uned.es/fez/eserv/bibliuned:DerechoPenalyCriminologia-2009-1-30400/PDF

estadística (CS2006) del primer curso del grado de Criminología y Seguridad de la Universitat Jaume I (UJI). Por lo que, el nivel y el tratamiento de los saberes expuestos y la metodología utilizada para la confección de la obra, se han fundamentado en la tipología del alumnado matriculado, en las directrices marcadas en la guía docente de la asignatura y en la dilatada experiencia docente en la impartición de esta asignatura por parte de los autores.

En la planificación de actividades de la guía docente de la asignatura, se observa que las tres primeras actividades son:

1) Una hora semanal (doce semanas) de teoría con el grupo clase, integrándolo alrededor de cien personas, donde se imparten los conceptos teóricos aderezados con algunos ejemplos prácticos para la fijación de los contenidos.

2) Dos horas semanales (quince semanas) de resolución de problemas impartidas a cada uno de los dos grupos en que se divide el grupo clase. Cada uno de estos grupos está compuesto de, aproximadamente, cincuenta personas.

En cada una de estas agrupaciones, para el aprendizaje y consolidación de los conceptos, se plantean, por parte del profesorado, y se resuelven, por parte del alumnado con ayuda del profesorado, problemas o ejercicios de aplicación a situaciones propias de la idiosincrasia de la asignatura relativos a los conocimientos expuestos en las clases de teoría.

3) Tres horas cada tres semanas (cinco semanas) de prácticas de laboratorio impartidas a cada uno de los tres grupos en que se divide el grupo clase. Cada uno de estos grupos está constituido por, poco más o menos, treinta personas.

La impartición de la docencia a cada uno de estos tres grupos se lleva a cabo en aulas de informática donde se cuenta con el software estadístico R Comander para la realización de simulaciones y resolución de problemas que resultan inabordables por procedimientos manuales.

La tarea del alumnado consiste en resolver e interpretar situaciones problemáticas, extraídas de un contexto real, sobre cuestiones que pueden devenir en la vida laboral de cualquier egresado/a en Criminología y Seguridad.

Al abordar estas situaciones, gran parte del alumnado, comprende y valora el alcance de la estadística para dirimir sobre situaciones reales que se pueden encontrar en el desempeño de su profesión. Además, el uso de herramientas informáticas les hace ver cómo la tecnología se pone a su disposición para resolver, analizar y profundizar en determinadas cuestiones que necesitan examinar en el ejercicio de su actividad.

Al abordar estas situaciones, gran parte del alumnado, comprende y valora el alcance de la estadística para dirimir sobre situaciones reales que se pueden encontrar en el desempeño de su profesión. Además, el uso de herramientas informáticas les hace ver cómo la tecnología se pone a su disposición para resolver, analizar y profundizar en determinadas cuestiones que necesitan examinar en el ejercicio de su actividad. Con todo ello se consigue concienciar al alumnado de la importancia de la Estadística.

Este manual lo hemos elaborado contemplando únicamente las dos primeras actividades reseñadas anteriormente y hemos pospuesto para más adelante la confección de otro manual que aborde la tercera actividad. Por ello que, tal y como se realiza en las clases de teoría y de problemas, necesitamos apoyarnos en tablas estadísticas para la compresión y resolución de supuestos prácticos. En consecuencia, en este manual, las explicaciones y la resolución de problemas se respalda con tablas estadísticas.

El presente trabajo se divide en cuatro partes:

Capítulo 1. Estadística descriptiva

El primer capítulo tiene una naturaleza preliminar. Recoge las definiciones y nociones básicas que se van a usar a lo largo de este libro. Los descriptores tratados en este capítulo se pueden consultar en [4], [5], [6] y [10].

Capítulo 2. Probabilidad

En este capítulo introducimos las leyes básicas del cálculo de probabilidades, las cuales nos permitirán estudiar las características de las diferentes distribuciones de probabilidad, tanto discretas como continuas. Este acercamiento a la probabilidad es somero ya que, para la tipología de las personas a las que va dirigido este manual, es suficiente. Asimismo, se enseña el uso de las diferentes tablas que se utilizarán: binomial, t de Student y normal. Los descriptores tratados en este capítulo se pueden consultar en [3], [7] y [9].

Capítulo 3. Inferencia estadística

En este tercer capítulo se estudia la estimación de parámetros poblacionales en base a los estadísticos obtenidos a partir de las muestras analizadas.

Veremos cómo cada parámetro poblacional se encuentra relacionado con el correspondiente estadístico muestral y viceversa.

Para realizar nuestras estimaciones, usaremos la estimación puntual y la estimación por intervalos de confianza. Un caso particular de comparación de dos muestras es el de los datos apareados, es decir, datos sobre un mismo conjunto de individuos en dos momentos diferentes.

Por otra parte, el contraste de hipótesis nos permite valorar si es aceptable una hipótesis en concreto planteada sobre la población, es decir, si los datos que proporciona la muestra aportan evidencias o no para confirmar la hipótesis.

Los autores, siendo conocedores de la controversia que genera el uso del p-valor para realizar los contrastes de hipótesis, han decidido exponer en el manual dicha técnica porque el programa informático (R Comander) que se utiliza en las clases prácticas hace uso de él y porque es una técnica que, utilizada correctamente, confiere consistencia a los resultados que se obtienen. Ahora bien, siempre que hacemos uso del p-valor en la resolución de los contrastes de hipótesis de los problemas, corroboramos los resultados que se derivan del uso del p-valor con un intervalo de confianza. Los descriptores tratados en este capítulo se pueden consultar en [1], [2], [4], [5], [6], [8], [10] y [11].

Capítulo 4. Tablas de contingencia

En este cuarto capítulo se analizan las tablas de contingencia para determinar si la población se reparte homogeneamente entre las diferentes categorías consideradas (los llamados *tests de homogeneidad*) o si dos variables categóricas están o no relacionadas entre sí (el llamado *test de independencia*). Para efectuar el análisis hacemos uso de la tabla de la xi-cuadrada.

En diferentes partes del trabajo, cuando lo hemos considerado adecuado para una mejor comprensión de los contenidos que se estaban explicando, se han insertado diferentes tablas de confección propia. Solamente se han referenciado las tablas que se hace uso de ellas en diversas partes del texto o las que por su contenido era necesario indicarla. Los descriptores tratados en este capítulo se pueden consultar en [1], [2], [4], [5], [6], [8], [10] y [11].

CAPÍTULO 1
ESTADÍSTICA DESCRIPTIVA

1.1. Introducción

Para la toma de decisiones en las distintas esferas de las sociedades humanas actuales se ha hecho imprescindible recolectar, manipular y analizar los datos de gran parte de las actividades humanas. Frente a esta necesidad, los responsables técnicos recurren a la estadística descriptiva para lograr sus objetivos.

Pero ¿de qué estamos hablando cuando nos referimos a la estadística descriptiva? Podríamos decir que es el primer peldaño que hay que subir para entrar de lleno en la estadística, es decir, es su puerta de entrada. Cualquier estudio estadístico precisa de una vertiente descriptiva; es más, muchos estudios estadísticos sólo contienen esa vertiente estadística. Para constatarlo pongamos, por ejemplo, la información que se dio en la evolución de la pandemia por covid-19, ya que gran parte de ella se facilitó mediante el uso de tablas y gráficos.

Podemos considerar, pues, la estadística descriptiva como un conjunto de técnicas numéricas y gráficas dirigidas a la descripción y análisis de conjuntos de datos. Por ello, sus métodos, conocidos bajo la denominación de análisis exploratorio de datos, plasman las observaciones objeto de estudio de manera que sobresalga su estructura.

Una forma de organizar estos datos es con diversos tipos de gráficos que permiten revelar las características sobresalientes y las inesperadas.

Otra forma de organizarlos es resumirlos en unos pocos números (por ejemplo la media, la desviación típica, la mediana...) con los que se pretende caracterizar al conjunto de datos sin perder mucha información y con la menor distorsión posible.

La detección de los posibles datos erróneos o inesperados es fundamental, por lo que antes de realizar el análisis de los datos se hace necesaria una inspección de los mismos para detectar su posible existencia. Debemos ser conscientes de que si estos datos (erróneos o inesperados) existen y no son detectados, por buenas que sean nuestras herramientas técnicas (métodos estadísticos, ordenadores y programas informáticos), será imposible efectuar un análisis correcto de los mismos.

En todas las disciplinas existe un léxico propio que, para cualquier persona interesada en estudiarla, necesita conocer. Es por ello que a continuación se enuncian los conceptos más básicos necesarios para empezar a estudiar esta disciplina.

- Población: Conjunto de sujetos o unidades de análisis objeto de estudio.

- Muestra: Cualquier subconjunto de la población.

- Muestra representativa: Una muestra cualquiera de la población que reproduce la característica objeto de estudio de dicha población.

- Parámetro: Medida resumen obtenida de la población.

- Estadístico: Medida resumen obtenida de la muestra representativa.

Finalmente, una vez explicitadas las diferencias entre muestra y muestra representativa, deseamos hacer notar que, para economizar en el lenguaje y dotar de mayor claridad a la exposición, es común utilizar la palabra muestra para referirnos a muestra representativa, por lo que en este texto también se hará así de aquí en adelante.

En esta sección se introduce la notación y algunos resultados que se requieren a lo largo de los siguientes capítulos. Tomamos como referencias básicas [1] y [11]. Se recuerdan algunas definiciones básicas y se subraya el uso de la terminología correcta, diferenciando entre muestra y población, para evitar llegar a confundir términos.

La estadística como ciencia matemática se puede analizar mediante sus tres partes componentes principales:

- *Descriptiva:* consiste en la recogida, sistematización y presentación de datos referentes a un fenómeno que presenta variabilidad o incertidumbre para su estudio metódico.

- *Probabilidad:* se centra en deducir las leyes que rigen los fenómenos que se estudian en la estadística.

- *Inferencia:* permite realizar previsiones sobre los fenómenos estudiados, tomar decisiones u obtener conclusiones.

Es de suma importancia hacer una correcta distinción entre población y muestra:

- *Población:* representa el conjunto de individuos sobre el que interesa obtener concluciones y hacer inferencias. Normalmente es demasiado grande para poder abarcarlo en el estudio, por lo que se recurre a estudiar sólo una parte del mismo (muestra).

- *Muestra:* es el subconjunto de individuos de la población que se elige para someterlo al estudio, sobre el que realmente se toman las observaciones o mediciones.

Elección de la muestra

El personal investigador se enfrenta a un problema complejo cuando debe seleccionar una muestra para realizar una inferencia sobre la población de la cual procede. Ya que, si la muestra no es suficientemente representativa de la población, las inferencias que se efectuen contendrán errores que pueden llegar a ser inasumibles.

Al conjunto de técnicas o métodos que se utilizan para seleccionar las muestras se le denomina muestreo.

En esta publicación solo vamos a ceñirnos a la técnica de muestreo denominada muestreo aleatorio simple.

El muestreo aleatorio simple es aquel método que asigna la misma probabilidad de selección a todas y cada una de las muestras posibles y distintas. Por lo que es adecuado su uso cuando la característica objeto de estudio se encuentra distribuida con gran homogeneidad en la población.

Una forma de seleccionar la muestra es elegir a los individuos que van a conformar la muestra de uno en uno y en forma consecutiva.

Una vez se ha escogido la forma de seleccionar la muestra se debe elegir el tamaño que debe tener. Para ello no se cuenta con una fórmula general para calcular el tamaño necesario de muestra que sea posible aplicar a cualquier situación o investigación. Existen diferentes técnicas para determinar el tamaño de la muestra pero, como se escapan a las pretensiones de este trabajo, no las vamos a exponer.

No obstante, sí que enumeramos a continuación las características que deben tener las muestras seleccionadas:

- Representativa. Todos y cada uno de los elementos de la población tienen idéntica probabilidad de formar parte de la muestra.

- Adecuada y válida. El error relativo de la muestra respecto de la población debe ser el mínimo posible.

- Confiabilidad. El tamaño de la muestra debe obtenerse mediante algún proceso matemático que minimice el error.

La muestra debe ser representativa de la población. A modo de ejemplo, en el cálculo de la tasa de inflación se utiliza el IPC (índice de precios al consumo). El INE (Instituto Nacional de Estadística) obtiene el valor del IPC en base al cálculo del valor de una cesta de compras de unos 479 artículos y 220.000 precios de 22.000 tiendas situadas en 177 municipios españoles (véase[1]). Esta muestra se considera representativa, dado que cumple con todos los requisitos de variabilidad, homogeneidad, etc.

1.2.   Estadística descriptiva univariante

1.2.1.   Pasos en un estudio estadístico

A continuación indicamos los pasos que constituyen todo fenómeno estadístico.

- *Diseño del experimento:* decidir qué grupo de individuos se quiere estudiar (menores en libertad condicional con fianza), así como qué datos se quieren recoger de los mismos (edad, sexo, número de delitos previos) que denominaremos *variables.*

- *Muestreo:* recogida de los datos. Hay que preguntarse si se puede estudiar toda la población o se necesita trabajar con una muestra. En este último caso la muestra se debe elegir para que sea representativa de la población.

---

[1]https://www.bbva.es/finanzas-vistazo/ef/finanzas-personales/
que-es-la-inflacion-y-como-se-calcula.html

- *Resumir los datos obtenidos:* cálculo de estadísticos descriptivos (media, moda, mediana, percentiles, varianza, desviación típica...), construcción de tablas de frecuencias (absolutas, acumuladas), representaciones gráficas.

- *Realizar inferencias sobre la población:* por ejemplo, «Por término medio, los menores en libertad condicional han tenido 4 delitos previos».

1.2.2. Variables

Definimos como variable cualquier característica de la población que varía de un individuo a otro. Por ejemplo, entre los menores en libertad condicional son variables:

- la edad: $\{13, 14, 15, 16, 17\}$ variable cuantitativa discreta.

- la altura: $\{1,57; 1,82; ...\}$ variable cuantitativa continua.

- el sexo: $\{masculino, femenino\}$ variable cualitativa nominal.

- el grado de satisfacción: $\{nada\ satisfecho,\ poco\ satisfecho,\ bastante\ satisfecho,\ muy\ satisfecho\}$ variable cualitativa ordinal.

Tal como se ha visto en los ejemplos enumerados, las variables estadísticas se clasifican en dos grupos:

1) Cuantitativas: toman valores numéricos, por lo que se pueden hacer operaciones algebraicas con ellos. Se clasifican a su vez en:

- Cuantitativas discretas: solo toman valores enteros. Algunos ejemplos son la edad, el número de hijos, el número de amigos...

- Cuantitativas continuas: toman todos los valores (infinitos) dentro de un determinado rango. Como ejemplos tenemos la altura, el peso...

2) Cualitativas: toman valores no numéricos, por lo que no tiene sentido hacer operaciones con ellos. Se clasifican a su vez en:

- Cualitativas nominales: no tiene sentido ordenar sus valores. Por ejemplo el sexo, la nacionalidad, la religión...

- Cualitativas ordinales: los valores que toma la variable se pueden ordenar. Algunos ejemplos son la gravedad del delito cometido, la efectividad de una vacuna, el grado de consecución de un objetivo...

1.2.3.   Tablas de frecuencias

La información recogida de la muestra se recopila y se organiza en tablas de frecuencias para una mejor manipulación y comprensión de la misma. En las diferentes columnas de una tabla de frecuencias se recogen entre otras:

- *Las frecuencias absolutas* (n_i): el número de individuos de la muestra que corresponde a cada modalidad (valor) de la variable.

- *Las frecuencias relativas* (porcentajes) (f_i): el cociente entre el número de individuos de cada modalidad y el tamaño total de la muestra.

- *Las frecuencias acumuladas* (N_i y F_i): el número de individuos y el porcentaje de cada modalidad, respectivamente, junto con todas las modalidades anteriores, ordenadas de menor a mayor. Tienen sentido únicamente para variables cuantitativas o cualitativas ordinales.

Ejemplo 1

El número de semanas de formación recibidas por 20 guardias de prisiones han sido las siguientes: 10, 16, 12, 16, 16, 16, 10, 8, 10, 12, 16, 18, 12, 16, 16, 8, 10, 12, 10, 16. Construimos la tabla de frecuencias de estos datos:

x_i	n_i	f_i	N_i	F_i
8	2	2/20	2	2/20
10	5	5/20	7	7/20
12	4	4/20	11	11/20
16	8	8/20	19	19/20
18	1	1/20	20	1

Es importante señalar que el total de la columna de las frecuencias absolutas (n_i) es, en realidad, el tamaño muestral y coincide con el último valor de la columna de las frecuencias absolutas acumuladas (N_i). Así mismo, la columna de las frecuencias relativas (f_i) suma siempre 1 y esta suma coincide con el último valor calculado de la columna de las frecuencias absolutas acumuladas (F_i).

En ocasiones, se hace necesario agrupar los datos en intervalos. Esto se debe al gran número de datos recogidos de la muestra y se hace para facilitar el procesamiento y el análisis de los datos.

Ejemplo 2

En un estudio de ámbito nacional se quiere analizar el número de denuncias que se interponen durante un día cualquiera en comisarías de ciudades españolas. Para ello, se elije una muestra aleatoria de 230 comisarías y un día al azar del calendario, y se obtienen los siguientes datos:

x_i	n_i	f_i	N_i	F_i
5 - 9	20	20/230	20	20/230
10 - 14	30	30/230	50	50/230
15 - 19	70	70/230	120	120/230
20 - 24	70	70/230	190	190/230
25 - 29	40	40/230	230	1

1.2.4. Representaciones gráficas

La representación gráfica de la información recogida de la muestra y resumida en las tablas de frecuencias proporciona el método visual óptimo para la transmisión y una más fácil comprensión de esta.

- *El diagrama de sectores*: se asigna a cada modalidad de la variable un sector del mismo círculo de forma proporcional a su frecuencia relativa.

- *El diagrama de barras*: se utiliza para variables cualitativas o cuantitativas discretas. Cada modalidad viene representada mediante un rectángulo cuya altura se corresponde con el valor de su frecuencia absoluta.

- *El histograma y el polígono de frecuencias*: son característicos de las variables cuantitativas continuas. La representacin es similar que en el caso anterior, con la particularidad de que las barras quedan unidas debido a la continuidad de los valores de la variable.

- *El diagrama de cajas y bigotes*: es la representación gráfica por excelencia cuando lo que se propone es visualizar los parámetros de dispersión. Vienen representados en ella el recorrido con los valores mínimo y máximo de la variable, el rango intercuartílico y la mediana. Proporciona una vista muy clara en cuanto a la simetría del conjunto de datos.

Ejemplo 1

Primero vamos a ver cómo se representa una variable cuantitativa discreta como el número de semanas de formación, mediante un diagrama de sectores.

Se añade a la tabla de frecuencias una columna en la que se calcula el ángulo del sector circular correspondiente a cada una de las modalidades. Se emplea la siguiente fórmula:

$$\alpha_i = \frac{n_i}{n} \cdot 360 = f_i \cdot 360.$$

x_i	n_i	f_i	α_i
8	2	$2/20$	$2/20 \cdot 360$
10	5	$5/20$	$5/20 \cdot 360$
12	4	$4/20$	$4/20 \cdot 360$
16	8	$8/20$	$8/20 \cdot 360$
18	1	$1/20$	$1/20 \cdot 360$

Seguidamente, con la ayuda de un compás, una regla y un semicírculo, se obtiene la representación deseada.

Ejemplo 1

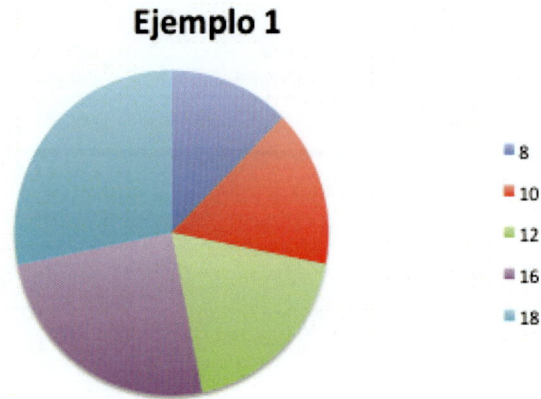

Si así lo preferimos, la misma variable cuantitativa discreta se puede respresentar mediante un diagrama de barras.

Las modalidades de la variable (x_i) se representan sobre el eje de abscisas (eje X), mientras que sus respectivas frecuencias absolutas (n_i) se reflejan en el eje de ordenadas (eje Y), como sigue:

Ejemplo 1

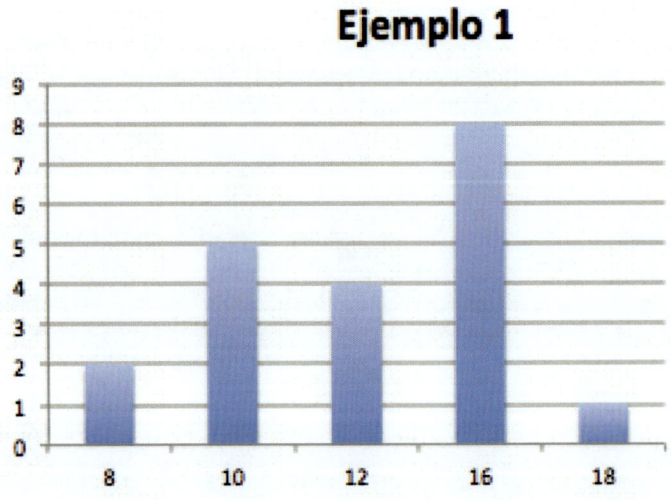

Ejemplo 2

En el caso de las variables cuantitativas continuas, la organización de los valores por intervalos, hace necesario que la representación gráfica de estos sea también acorde, en el sentido de reflejar en la gráfica la misma continuidad que existe entre cada intervalo y el que le sigue. Es donde interviene el histograma.

En cuanto a los ejes de coordenadas, se siguen las mismas pautas que en el caso del diagrama de barras: en el eje X los intervalos que recogen los valores de la variable, en el eje Y las respectivas frecuencias absolutas.

El polígono de frecuencias es la línea poligonal rota que une el punto medio del segmento superior de cada barra con su homólogo en la barra siguiente.

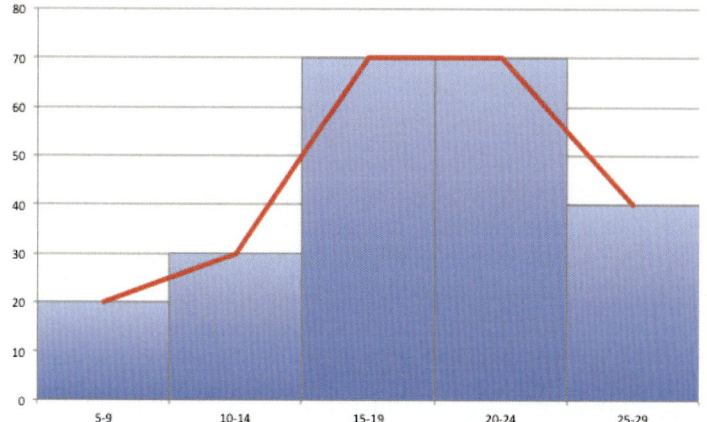

1.2.5. Parámetros y estadísticos

En un estudio estadístico nos encontramos a menudo ante la imposibilidad de estudiar a toda la población. Esta dificultad se puede deber a la falta de tiempo, de recursos... En estos casos, una muestra «bien» elegida (*muestra representativa*) proporciona una buena aproximación a la situación real que se presenta en la población completa. Y mediante el estudio solamente de esta muestra, podemos confiar en que los resultados obtenidos sean próximos a los correspondientes valores poblacionales y el error sea «pequeño».

Sin embargo, es necesario diferenciar entre los valores calculados a partir de una muestra, a los que llamaremos *estadísticos* y los valores poblacionales que nos interesa conocer, que denominaremos *parámetros*. Ambos pretenden resumir en unos pocos datos toda la información que tenemos de la población objeto de nuestro estudio.

A modo de ejemplo, la altura media de los individuos de un país como España sería un parámetro, mientras que la altura media de los estudiantes de la UJI sería el estadístico que pretende aproximar (estimar) al anterior mencionado parámetro.

Entre los tipos de parámetros más utilizados están:

1) Los parámetros de posición:

- los percentiles.

2) Los parámetros de centralización:

- la media (centro de gravedad),

- la mediana,

- la moda.

3) Los parámetros de dispersión:

- la varianza,

- la desviación típica,

- el rango (recorrido o amplitud),

- el rango (recorrido) intercuartílico.

El percentil (P_p): es el menor (primer) valor de la variable que es superior al $p\,\%$ de los datos, estando estos previamente ordenados de menor a mayor.

Ejemplo 1

Quiero montar un curso de sensibilización para la mitad de los individuos de la muestra, pero sin coger ni a los más formados ni a los que tienen menos formación. ¿Cómo elegirlos?

En primer lugar, hay que establecer que los límites buscados deben dejar «por debajo» al primer $25\,\%$ que tienen menos formación y dejar «por arriba» al último $25\,\%$ que han recibido más formación. Los valores que permiten seleccionar así al $50\,\%$ central de los guardias son los percentiles P_{25} y P_{75}, respectivamente.

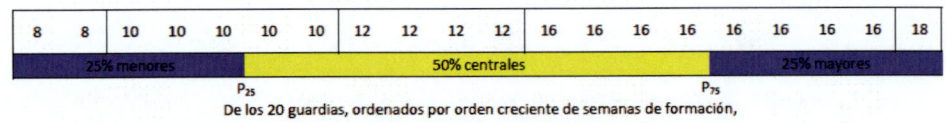

De los 20 guardias, ordenados por orden creciente de semanas de formación, los 50% centrales han recibido formación entre P_{25} y P_{75}.

Ahora para calcularlos, buscamos primero el menor valor de porcentaje acumulado (F_i) que supera al 25 %, el cual es el $7/20 = 0{,}35 = 35\%$. Por lo que el percentil 25 es el correspondiente valor de x_i, $P_{25} = 10$. Análogamente, el menor valor de F_i que supera al 75 %, es el $19/20 = 0{,}95 = 95\%$. Por lo que el percentil 75 es $P_{75} = 16$.

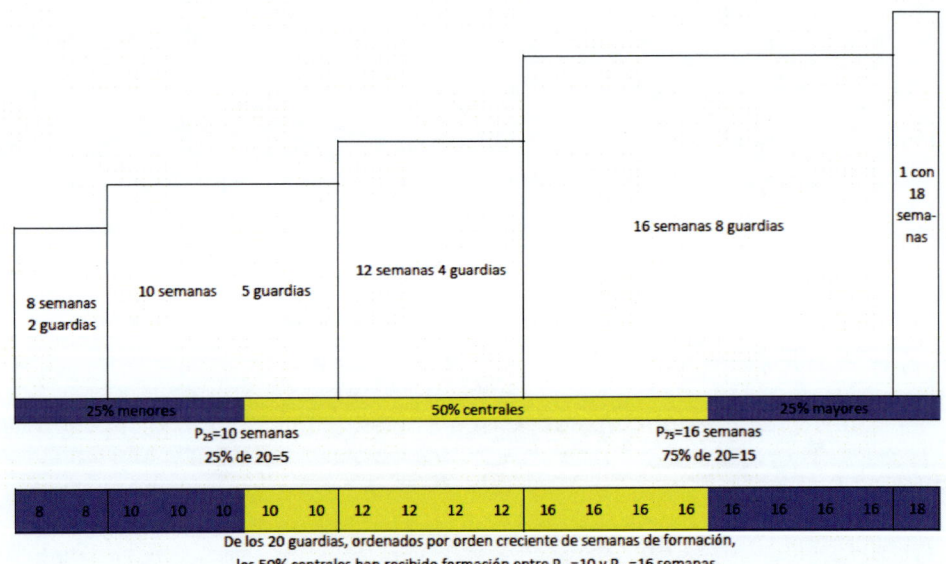

De los 20 guardias, ordenados por orden creciente de semanas de formación, los 50% centrales han recibido formación entre P_{25}=10 y P_{75}=16 semanas.

Concluimos que los individuos seleccionados para el curso de sensibilización tendrán entre 10 y 16 semanas de formación.

Intuitivamente, se trataría de ordenar a los 20 guardias de prisiones por orden creciente de semanas de formación e ir descartando al primero y al último sucesivamente, hasta quedarnos con la mitad central de la lista, eliminando así tanto a las personas más formadas como a las que tienen menos formación.

En caso de que las modalidades de la variable vengan recogidas en intervalos, al procedimiento anterior le sigue la aplicación de la siguiente fórmula.

$$P_p = l_i + \frac{\left(\frac{p \cdot n}{100} - N_{i-1}\right) \cdot a_i}{n_i}, \tag{1.1}$$

donde

- l_i es el límite inferior del intervalo en el que se encuentra el percentil buscado,

- p es el percentil que queremos calcular,

- n es el tamaño de toda la muestra,

- N_{i-1} es la frecuencia absoluta acumulada de la modalidad anterior,

- a_i es la amplitud del intervalo,

- n_i es la frecuencia absoluta de la modalidad i.

Esta fórmula nos permite profundizar más sobre el valor del percentil, quedándonos no solo con el intervalo que contiene al percentil buscado, sino con un valor más exacto de este.

Ejemplo 2

Para calcular el percentil 25, una vez identificado el intervalo que lo contiene, aplicamos la fórmula anterior y obtenemos que:

$$120/230 = 0,52 \rightarrow 52\% > 25\% \rightarrow P_{25} \in [15 - 19],$$

$$P_{25} = 15 + \frac{\left(\frac{25 \cdot 230}{100} - 50\right) \cdot 4}{70} = 15,4286.$$

Del mismo modo, identificado el intervalo 15-19 que contiene también al percentil 50, aplicamos la fórmula:

$$120/230 = 0,52 \rightarrow 52\% > 50\% \rightarrow P_{50} \in [15 - 19],$$

$$P_{50} = 15 + \frac{\left(\frac{50 \cdot 230}{100} - 50\right) \cdot 4}{70} = 18,7143.$$

Análogamente, para el percentil 75 tomaríamos como punto de partida el intervalo 20-24 y seguiríamos con la anterior fórmula:

$$190/230 = 0,83 \rightarrow 83\% > 75\% \rightarrow P_{75} \in [20 - 24],$$

$$P_{75} = 20 + \frac{\left(\frac{75 \cdot 230}{100} - 120\right) \cdot 4}{70} = 23.$$

La media $(\overline{x})$: es el promedio de los valores que toma la variable. Se suman todos y se divide la suma por el tamaño muestral.

La media de 5, 5, 6 y 7 es: $\overline{x} = \frac{(5+5+6+7)}{4} = 5,75.$

La media es muy sensible a valores extremos. Tiene sentido calcular la media para resumir todos los datos en uno solo, cuando estos datos se concentran simétricamente con respecto a ella.

Cuando trabajamos con un número grande de valores, el cálculo anterior se resume en la siguiente fórmula:

$$\overline{x} = \frac{\sum\limits_{i=1}^{n} x_i \cdot n_i}{n}. \tag{1.2}$$

Ejemplo 1

$$\overline{x} = \frac{8 \cdot 2 + 10 \cdot 5 + 12 \cdot 4 + 16 \cdot 8 + 18 \cdot 1}{20} = \frac{260}{20} = 13.$$

Cuando los datos están agrupados en intervalos, es necesario determinar el punto medio de cada intervalo (*la marca de clase*). Los valores obtenidos se recogerán en una columna al lado de la columna de los intervalos para una mejor coordinación y coherencia. Se usarán estos valores en vez de los propios intervalos para el cálculo de la media y la varianza.

Ejemplo 2

x_i	c_i	n_i	f_i	N_i	F_i
5 - 9	7	20	20/230	20	20/230
10 - 14	12	30	30/230	50	50/230
15 - 19	17	70	70/230	120	120/230
20 - 24	22	70	70/230	190	190/230
25 - 29	27	40	40/230	230	1

Siguiendo la misma fórmula que en el ejemplo 1:

$$\overline{x} = \frac{7 \cdot 20 + 12 \cdot 30 + 17 \cdot 70 + 22 \cdot 70 + 27 \cdot 40}{230},$$

$$\overline{x} = \frac{4310}{230} = 18,7391.$$

La mediana (Me): una vez ordenados los datos de menor a mayor, es el valor que divide las observaciones en dos grupos con el mismo número de individuos.

La mediana de 5, 5, 6, 7 y 13 es: $Me = 6$.

Si el número de datos es par, la mediana se calcula como la media de los dos valores centrales:

La mediana de 1, 5, 6 y 7 es: $Me = \frac{(5+6)}{2} = 5,5$.

No es sensible a valores extremos:

La mediana de 5, 5, 6, 7, 13, 14 y 900 es: $Me = 7$.

Cabe resaltar que la media de este último conjunto de datos es $\overline{x} = 135,71$ y que la presencia del dato atípico 900 hace que la media no sea adecuada para resumir este conjunto de observaciones. En cambio la mediana sí que es adecuada, dado que su valor está cercano a la mayoría de valores.

Concluyendo, la mediana coincide con el percentil 50, $Me = P_{50}$.

Ejemplo 1

$$Me = P_{50} = 12.$$

Ejemplo 2

$$Me = P_{50} = 18,7143.$$

La moda (Mo): es el valor de la variable que más se repite, la modalidad donde la distribución alcanza su máximo. Es el valor de mayor frecuencia absoluta. Puede haber más de una moda, cuando dos o más valores alcanzan la máxima frecuencia absoluta.

Ejemplo 1

La moda es $Mo = 16$, al ser el valor que más se repite. Aparece 8 veces, es decir, el número de semanas de formación que han recibido la mayor parte de los guardias es de 16 semanas, y las recibieron 8 de los 20 guardias.

Ejemplo 2

Hay dos modas, 17 y 22, puesto que la máxima frecuencia absoluta es 70 y ambas la comparten. Del mismo modo, diremos que hay dos intervalos modales, 15-19 y 20-24.

Los parámetros de dispersión se definen a continuación y su cálculo viene explicado después mediante dos ejemplos, uno con datos agrupados en intervalos y el otro sin.

La varianza (s^2): se define como el promedio del cuadrado de las diferencias entre cada observación y la media.

$$s^2 = \frac{\sum_{i=1}^{n}(x_i - \overline{x})^2 \cdot n_i}{n}.$$

Por tanto, si todas las observaciones fuesen iguales, la media coincidiría con ese valor y la varianza sería cero, ya que ningún valor se alejaría lo más mínimo de la media. En general, cuanto más dispersas son las observaciones, mayores son las distancias a la media y mayor la varianza. La varianza es sensible a valores extremos (atípicos, alejados de la media de los demás). Sus unidades son el cuadrado de las de la variable.

$$s^2 = \frac{\sum_{i=1}^{n}(x_i - \overline{x})^2 \cdot n_i}{n} = \frac{\sum_{i=1}^{n} x_i^2 \cdot n_i}{n} - \overline{x}^2. \tag{1.3}$$

Como se puede ver en la segunda parte de la fórmula, la varianza se puede calcular también como la diferencia entre el promedio de los cuadrados de cada observación y el cuadrado de la media.

Ejemplo 1

$$s^2 = \frac{8^2 \cdot 2 + 10^2 \cdot 5 + 12^2 \cdot 4 + 16^2 \cdot 8 + 18^2 \cdot 1}{20} - 13^2,$$

$$s^2 = \frac{3576}{20} - 13^2 = 9,8.$$

Ejemplo 2

$$s^2 = \frac{7^2 \cdot 20 + 12^2 \cdot 30 + 17^2 \cdot 70 + 22^2 \cdot 70 + 27^2 \cdot 40}{230} - 18,7391^2,$$

$$s^2 = \frac{88570}{230} - 18,7391^2 = 33,9319.$$

La desviación típica (s): es la raíz cuadrada de la varianza $s = \sqrt{s^2}$ y se mide en la misma unidad que la variable. Al igual que la varianza, es sensible a valores extremos.

Ejemplo 1

$$s = \sqrt{9,8} = 3,1305.$$

Ejemplo 2

$$s = \sqrt{33,9319} = 5,8251.$$

El rango, recorrido o amplitud (Re): es la diferencia entre las modalidades mayor y menor de la variable, $Re = x_{max} - x_{min}$. Es muy sensible a valores extremos.

Ejemplo 1

$$Re = x_{max} - x_{min} = 18 - 8 = 10.$$

Ejemplo 2

$$Re = x_{max} - x_{min} = 29 - 5 = 24.$$

El rango o recorrido intercuartílico (RQ): es la distancia entre los percentiles 25 y 75, es decir, $RQ = P_{75} - P_{25}$. No es tan sensible a valores extremos.

Ejemplo 1

$$RQ = P_{75} - P_{25} = 16 - 10 = 6.$$

Ejemplo 2

$$RQ = P_{75} - P_{25} = 23 - 15,4286 = 7,5714.$$

El diagrama de cajas y bigotes: resume en una imagen el recorrido, el rango intercuartílico y la mediana. Asimismo, permite apreciar la existencia o no de simetría dentro del conjunto de datos.

Ejemplo 1:

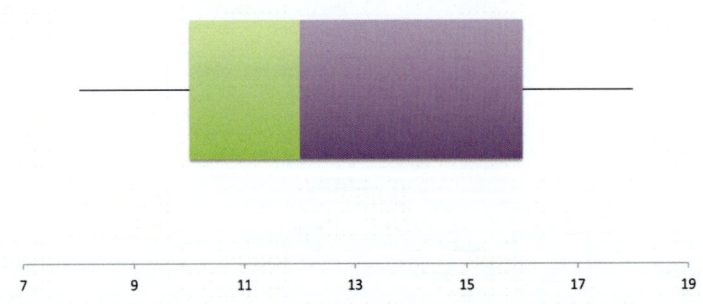

En este diagrama se pueden observar representados el recorrido $Re = 10$ con los valores mínimo $x_{min} = 8$ y máximo $x_{max} = 18$ de la variable, el rango intercuartílico $RQ = 6$ con el primer cuartil $Q_1 = 10$, la mediana $Me = 12$ y el tercer cuartil $Q_3 = 16$. Por otra parte, el diagrama proporciona una vista muy clara en cuanto a la falta de simetría del conjunto de datos.

Ejemplo 2

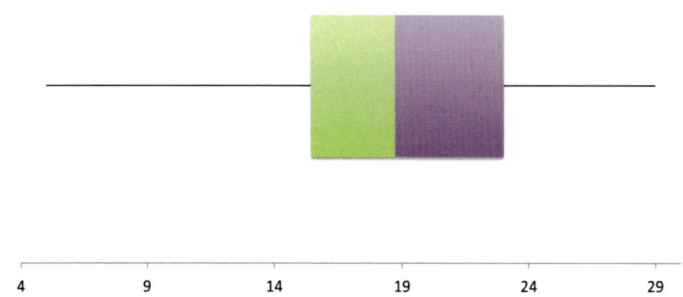

Vienen representados en este diagrama el recorrido $Re = 24$ con los valores mínimo $x_{min} = 5$ y máximo $x_{max} = 29$ de la variable, el rango intercuartílico $RQ \cong 7,6$ con el primer cuartil $Q_1 \cong 15,4$, la mediana $Me \cong 18,7$ y el tercer cuartil $Q_3 = 23$. Al mismo tiempo, el diagrama proporciona una vista clara sobre la asimetría del conjunto de datos.

1.3. Estadística descriptiva bivariante

En realidad, al realizar cualquier estudio estadístico se hace necesario analizar más de una variable. Por lo que nace la pregunta obvia: ¿están relacionadas estas variables, o no? En este apartado añadimos al estudio marginal de cada una de las variables por separado, un análisis detallado de la relación que las une. En caso de que se dé un fuerte grado de relación, esto nos permitirá realizar aproximaciones y predicciones de los valores de una variable en base a valores conocidos de otra.

El estudio conjunto de variables es una práctica habitual y tiene múltiples aplicaciones en diferentes áreas de conocimiento:

- relación entre la altura y el peso (dos variables cuantitativas),

- relación entre el sobrepeso y el dolor de espalda (una variable cuantitativa y una cualitativa ordinal),

- calcular el peso de una persona en base a su altura y contorno de cintura (tres variables relacionadas),

- relación entre la drogodependencia y la delincuencia (dos variables cualitativas).

En lo que queda del tema nos centraremos en estudiar la interrelación de dos variables cuantitativas. Dejaremos el estudio de variables cualitativas para el tema 4.

1.3.1. Tablas de frecuencias conjuntas

La manera de organizar y representar la información recogida de una muestra es importante a la hora de procesar estos datos para obtener las conclusiones deseadas. En este sentido, las tablas de frecuencias utilizadas hasta ahora resultan tediosas y dificultan el análisis de los datos.

Ejemplo 3

En la tabla siguiente se indica la edad (x) de unos niños y la conducta agresiva (y) que manifiestan, medida en una escala de 0 a 10.

Identificador	Edad	Conducta agresiva
1	6	9
2	6	9
3	6	9
4	7	6
5	7	6
6	7	6
7	8	7
8	8	7
9	8	7
10	9	8
11	9	8
12	10	7
13	10	7
14	11	4
15	12	2
16	12	2
17	13	3
18	14	2
19	15	1
20	15	1

Resumiendo, tenemos:

Edad	Conducta agresiva	N niños
6	9	3
7	6	3
8	7	3
9	8	2
10	7	2
11	4	1
12	2	2
13	3	1
14	2	1
15	1	2

Nos preguntamos si existe alguna relación entre la conducta agresiva y la edad de estas personas. Para averiguarlo vamos a realizar un estudio detallado de ambas características por separado y luego de las dos conjuntamente.

Para visualizar mejor la información recogida, vamos a organizarla en una tabla de doble entrada (*tabla de frecuencias conjuntas* o *tabla de contingencia*).

Ejemplo 3

Edad	Conducta agresiva										
	0	1	2	3	4	5	6	7	8	9	10
6										3	
7						3					
8							3				
9								2			
10							2				
11				1							
12			2								
13				1							
14		1									
15		2									

Añadimos a la tabla los totales de cada una de sus filas y columnas (las n_i), así como el total general (n), que tiene que coincidir por filas y por columnas. Se pueden añadir también en fila y en columna las demás frecuencias (N_i, f_i, F_i) y completar así las tablas de frecuencias marginales de cada una de las dos variables dentro de la tabla conjunta. Vamos a calcular todas o solo algunas de estas frecuencias, según nos sean necesarias para nuestros cálculos o no.

Ejemplo 3

Edad (X)	Conducta agresiva (Y)											n_{ix}
	0	1	2	3	4	5	6	7	8	9	10	
6										3		3
7							3					3
8								3				3
9									2			2
10								2				2
11					1							1
12			2									2
13				1								1
14			1									1
15		2										2
n_{iy}	0	2	3	1	1	0	3	5	2	3	0	20

Claro que estas tablas marginales se pueden realizar cada una por separado fuera de la tabla conjunta si así lo preferimos. Y, aplicando el mismo razonamiento que para la tabla de doble entrada conjunta, se pueden añadir también a cada una de estas tablas marginales columnas que contabilicen las demás frecuencias (N_i, f_i, F_i) si alguna o varias de estas fueran necesarias para nuestros cálculos.

Ejemplo 3

Edad (X)	n_{ix}
6	3
7	3
8	3
9	2
10	2
11	1
12	2
13	1
14	1
15	2

Conducta agresiva (Y)	n_{iy}
0	0
1	2
2	3
3	1
4	1
5	0
6	3
7	5
8	2
9	3
10	0

A partir de estas tablas se puede calcular cualquiera de los parámetros de posición, de centralización o de dispersión que hemos visto anteriormente.

Ejemplo 3:

$$\overline{x} = \frac{6 \cdot 3 + 7 \cdot 3 + 8 \cdot 3 + 9 \cdot 2 + 10 \cdot 2 + 11 \cdot 1 + 12 \cdot 2 + 13 \cdot 1}{20} +$$

$$+ \frac{14 \cdot 1 + 15 \cdot 2}{20} = \frac{193}{20} = 9,65.$$

$$s_x^2 = \frac{6^2 \cdot 3 + 7^2 \cdot 3 + 8^2 \cdot 3 + 9^2 \cdot 2 + 10^2 \cdot 2 + 11^2 \cdot 1 + 12^2 \cdot 2 + 13^2 \cdot 1}{20} +$$

$$+ \frac{14^2 \cdot 1 + 15^2 \cdot 2}{20} - 9,65^2,$$

$$s_x^2 = \frac{2033}{20} - 9,65^2 = 8,5275.$$

$$s_x = \sqrt{s_x} = \sqrt{8,5275} = 2,9202.$$

$$\overline{y} = \frac{0 \cdot 0 + 1 \cdot 2 + 2 \cdot 3 + 3 \cdot 1 + 4 \cdot 1 + 5 \cdot 0 + 6 \cdot 3 + 7 \cdot 5 + 8 \cdot 2}{20} +$$

$$+\frac{9 \cdot 3 + 10 \cdot 0}{20} = \frac{111}{20} = 5,55.$$

$$s_y^2 = \frac{0^2 \cdot 0 + 1^2 \cdot 2 + 2^2 \cdot 3 + 3^2 \cdot 1 + 4^2 \cdot 1 + 5^2 \cdot 0 + 6^2 \cdot 3 + 7^2 \cdot 5 + 8^2 \cdot 2}{20} +$$

$$+\frac{9^2 \cdot 3 + 10^2 \cdot 0}{20} - 5,55^2,$$

$$s_y^2 = \frac{763}{20} - 5,55^2 = 7,3475.$$

$$s_y = \sqrt{s_y} = \sqrt{7,3475} = 2,7106.$$

1.3.2. Representación gráfica

Para una mejor visualización y comprensión de la información recogida de la muestra, en el caso de una distribución bidimensional podemos recurrir al *diagrama de dispersión* o *nube de puntos*. En el eje de abscisas (eje X) se representan los valores de una de las dos variables, mientras que en el eje de ordenadas (eje Y) se sitúan las modalidades de la segunda variable. De este modo, cada par diferente de valores viene representado mediante un punto en la gráfica. La forma de la nube de puntos (lineal de tendencia ascendente o descendente, no lineal o la falta de un patrón gráfico claro) nos indica el tipo de relación existente entre nuestras variables.

- lineal de tendencia ascendente:

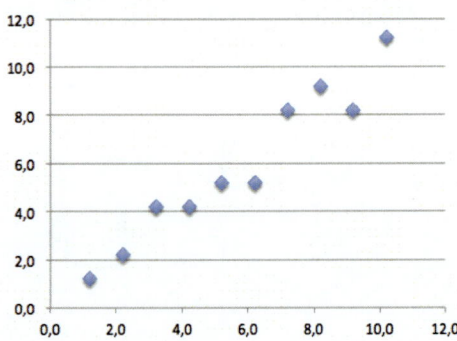

- lineal de tendencia descendente:

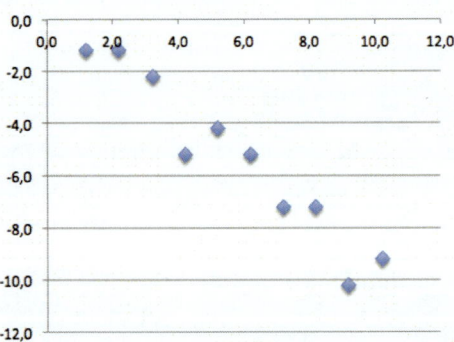

- no lineal:

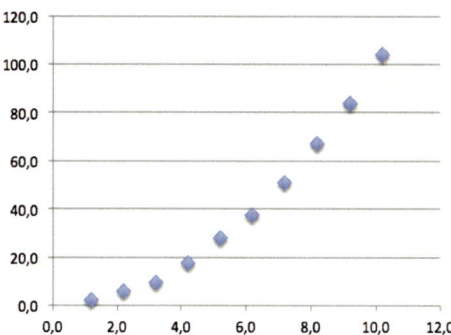

- falta de un patrón gráfico claro:

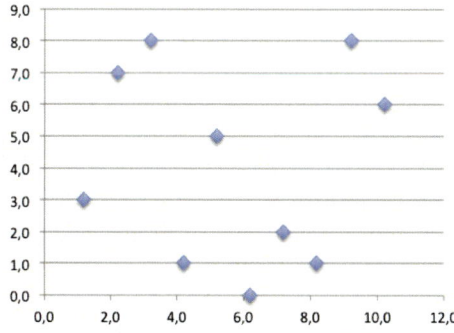

Ejemplo 3

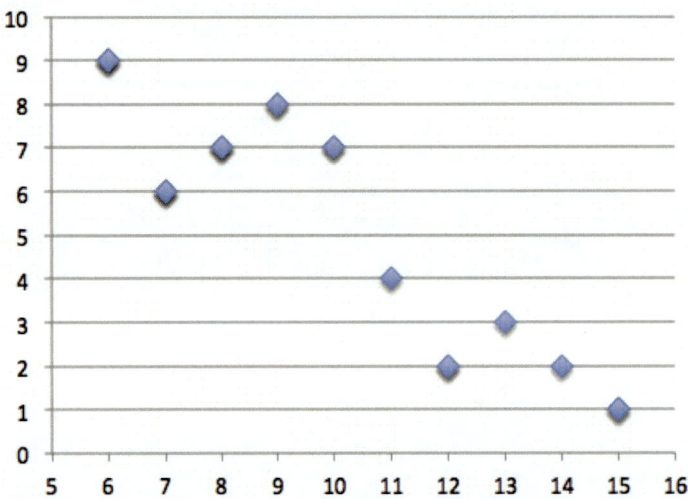

El aspecto de la nube de puntos que se agrupan entorno a una línea decreciente denota una estrecha relación de dependencia lineal inversa entre las variables aquí estudiadas. Es decir, según los datos recogidos de estos jóvenes, a mayor edad correspondería un menor índice de conducta agresiva y vicecersa.

1.3.3. Covarianza entre dos variables

Entre los parámetros característicos de las distribuciones bidimensionales, el primero en el que nos vamos a detener es la covarianza (s_{xy}).

$$s_{xy} = \frac{\displaystyle\sum_{i=1}^{n} x_i \cdot y_j \cdot n_{ij}}{n} - \overline{x} \cdot \overline{y}. \tag{1.4}$$

Esta nos proporciona información similar a la de la nube de puntos sobre la variación conjunta de las dos características respecto de sus medias. De existir una relación lineal entre las variables, el signo de la covarianza nos indicaría si esta relación es directa (positiva) o inversa (negativa). Claro que un valor nulo de la covarianza lo interpretaríamos como la falta de relación lineal entre las dos características estudiadas:

- $s_{xy} > 0$ relación lineal directa (positiva),

- $s_{xy} < 0$ relación lineal inversa (negativa),

- $s_{xy} = 0$ no existe relación lineal.

Ejemplo 3

$$s_{xy} = \frac{6 \cdot 9 \cdot 3 + 7 \cdot 6 \cdot 3 + 8 \cdot 7 \cdot 3 + 9 \cdot 8 \cdot 2 + 10 \cdot 7 \cdot 2 + 11 \cdot 4 \cdot 1}{20} +$$

$$+ \frac{12 \cdot 2 \cdot 2 + 13 \cdot 3 \cdot 1 + 14 \cdot 2 \cdot 1 + 15 \cdot 1 \cdot 2}{20} - 9,65 \cdot 5,55.$$

$$s_{xy} = \frac{929}{20} - 9,65 \cdot 5,55 = -7,1075.$$

La interpretación de este resultado consiste en afirmar que al ser negativo nos revela la existencia de una relación lineal inversa entre las dos características estudiadas, edad y conducta agresiva. Cuanto mayor sea la edad de uno de estos jóvenes, menor será el índice de conducta agresiva manifestada por este.

Ahora bien, a diferencia de la nube de puntos, la covarianza nos indica únicamente el tipo de relación lineal, en base a las modalidades conocidas de las variables. Si queremos saber el grado en que se da esta relación tenemos que profundizar más, seguir indagando.

1.3.4.   Coeficiente de correlación de Pearson

El coeficiente de correlación de Pearson (r_{xy}) es el paso siguiente si queremos saber el grado de relación existente entre dos variables cuantitativas.

$$r_{xy} = \frac{s_{xy}}{s_x \cdot s_y}. \tag{1.5}$$

El valor que se obtiene abarca el intervalo $[0, 1]$ y sus posibles resultados se van a interpretar de la siguiente manera:

- $r_{xy} = 1$ correlación lineal directa perfecta,

- $r_{xy} \in]0{,}8; 1[$ correlación lineal directa fuerte,

- $r_{xy} \in [0{,}3; 0{,}8]$ correlación lineal directa moderada,

- $r_{xy} \in]0; 0{,}3[$ correlación lineal directa débil,

- $r_{xy} = 0$ ninguna correlación lineal,

- $r_{xy} \in] - 0{,}3; 0[$ correlación lineal inversa débil,

- $r_{xy} \in [-0{,}8; -0{,}3]$ correlación lineal inversa moderada,

- $r_{xy} \in]-1; -0{,}8[$ correlación lineal inversa fuerte,

- $r_{xy} = -1$ correlación lineal inversa perfecta.

El grado de relación lineal (directa o inversa) aumenta a medida que el valor del coeficiente de correlación se acerca a $+1$ o a -1 (respectivamente). Empleamos la notación $[a; b]$ para intervalos cuando a o b toman valores decimales, para evitar confusiones.

Ejemplo 3

$$r_{xy} = \frac{-7,1075}{2,9202 \cdot 2,7106} = -0,8979.$$

El valor obtenido se interpreta como la existencia de una correlación lineal inversa fuerte entre las dos características cuantitativas analizadas, edad de los jóvenes y conducta agresiva manifestada por estos.

1.3.5. Análisis de regresión

La utilidad del análisis estadístico radica en la objetividad con la que se analizan las investigaciones y, en base a ello, efectuamos la toma de decisiones sobre nuestro objeto de estudio.

El hecho de establecer la existencia de una relación entre dos variables, así como cuantificar el grado en que esta relación se da, nos permite, si las variables están suficientemente relacionadas, definir un procedimiento para obtener aproximaciones fiables de los valores de una de las variables conocido el valor correspondiente de la otra. En base a pares de valores obtenidos de una muestra, vamos a usar un método de interpolación de mínimos cuadrados que nos permite expresar esta relación mediante una función lineal (*la recta de regresión*). La idoneidad de este método reside en que el error de la aproximación es pequeño y no depende de la variable independiente.

Así, la evolución de la distribución queda reflejada en el siguiente conjunto de fórmulas. En este contexto, la X denota la variable independiente (predictora, conocida), mientras que la Y es la variable dependiente (predicha, la que se quiere calcular). La ecuación de la recta de regresión de Y sobre X viene dada por

$$y = a + b \cdot x, \tag{1.6}$$

donde a y b son, respectivamente:

$$a = \overline{y} - b \cdot \overline{x}, \tag{1.7}$$

$$b = \frac{s_{xy}}{s_x^2}. \tag{1.8}$$

Ejemplo 3

Para calcular la fórmula que nos permitirá hacer predicciones sobre el nivel de conducta agresiva conocida la edad de un individuo, primero calculamos los valores de b y a.

$$b = \frac{-7,1075}{8,5275} = -0,8335.$$

$$a = 5,55 - (-0,8335) \cdot 9,65 = 13,5933.$$

Luego la ecuación buscada es:

$$y = 13,5933 + (-0,8335) \cdot x.$$

La recta de regresión no pasa por todos los puntos, pero es la que mejor los aproxima a todos en su conjunto, en el sentido de que minimiza la suma de los errores cometidos al cuadrado.

Ejemplo 3

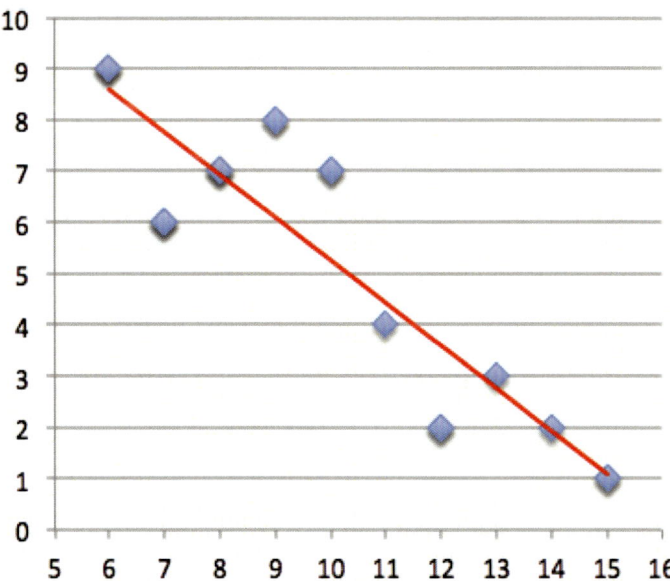

Cabe destacar que hay dos rectas de regresión:

1. La *recta de regresión de Y sobre X*, que acabamos de explicar.

2. La *recta de regresión de X sobre Y*, que presentamos a continuación.

Si lo que se pretende es predecir valores de la variable X a partir de valores conocidos de la variable Y, lo único que hay que hacer es intercambiar las letras X e Y en el anterior conjunto de fórmulas para obtener así las ecuaciones de la recta de regresión de X sobre Y.

$$x = a + b \cdot y, \qquad (1.9)$$

donde a y b son, respectivamente:

$$a = \overline{x} - b \cdot \overline{y}, \qquad (1.10)$$

$$b = \frac{s_{xy}}{s_y^2}. \qquad (1.11)$$

Ejemplo 3

En este caso, la fórmula nos permitirá hacer predicciones sobre la edad de un individuo, conocido su índice de conducta agresiva.

$$b = \frac{-7,1075}{7,3475} = -0,9673.$$

$$a = 9,65 - (-0,9673) \cdot 5,55 = 15,0185.$$

Luego la ecuación buscada sería:

$$y = 15,0185 + (-0,9673) \cdot x.$$

1.3.6.   Predicciones

Una vez establecida la correlación entre las variables y cuantificada esta mediante el coeficiente de correlación de Pearson (r_{xy}) y después de expresar esta dependencia a través de la recta de regresión, es el momento de aplicar los resultados obtenidos para predecir la tendencia de la distribución o aquellos de sus valores que interesan en nuestro estudio. Vamos a usar la relación lineal obtenida para hacer predicciones. Para ello, basta con sustituir en la ecuación de la recta de regresión valores conocidos de la variable independiente X y calcular los correspondientes valores de la variable dependiente Y.

Ejemplo 3

¿Qué nivel de conducta agresiva se espera que manifieste un joven de 6 años y 8 meses de edad que pertenece a la zona donde se ha realizado el estudio?

Tomamos

$$x = 6,\widehat{6} \text{ años.}$$

Luego

$$y = a + b \cdot 6,6667 = 13,5933 + (-0,8335) \cdot 6,6667 = 8,0366.$$

Concluimos que para una persona de 6 años y 8 meses se espera que tenga una puntuación alrededor de 8 en conducta agresiva.

Del mismo modo, si lo que se desea predecir es la edad, se procede como sigue.

Ejemplo 3

¿A qué edad se espera que alcance una puntuación de 5 en conducta agresiva un joven que pertenece a la zona donde se ha realizado el estudio?

Tomamos

$$x = 5 \text{ delitos.}$$

Luego

$$x = a + b \cdot 5 = 15,0185 + (-0,9673) \cdot 5 = 10,182.$$

Concluimos que para una persona que pertenece a la zona donde se ha realizado el estudio se espera que alcance un 5 en conducta agresiva alrededor de los 10 años de edad.

1.3.7. Bondad del ajuste y de predicciones

Los modelos de regresión son meras aproximaciones del comportamiento de las distribuciones de probabilidad, por lo que no están exentos de errores. Por ende, se hace necesario especificar su grado de certeza (*bondad del ajuste*). Este viene reflejado en el *coeficiente de determinación* R^2, un valor adimensional, subunitario y positivo ($R^2 \in [0, 1]$). En el caso de la regresión lineal su fórmula es sencilla, se expresa como el cuadrado del coeficiente de correlación de Pearson.

$$R^2 = \frac{s_{xy}^2}{s_x^2 \cdot s_y^2} = r_{xy}^2.$$

Un valor de R^2 cercano a 1 se interpreta como un ajuste bueno, mientras que si este es cercano a cero diremos que estamos ante un ajuste malo. El coeficiente de determinación expresa el porcentaje en que la variable independiente X influye en la variabilidad de la característica predicha Y.

Ejemplo 3

$$R^2 = (-0,8979)^2 = 0,8062.$$

Concluimos que la fiabilidad de este ajuste lineal es del 80,62 %, es decir, la edad explica el 80,62 % de la variabilidad de la conducta agresiva.

1.4. Exámenes años anteriores

Los siguientes problemas corresponden a/se han extraído de los exámenes de años anteriores de la asignatura de Introducción a la estadística del grado de Criminología y Seguridad de la Universidad Jaume I de Castellón. Se recuerda que, como norma general, en caso de hacer falta redondeos, estos se efectuarán en la cuarta cifra decimal.

1. (27 mayo 2011) En un estudio de ámbito nacional se quiere estudiar el número de denuncias que se interponen durante un día cualquiera

en comisarías de ciudades españolas. Para ello, se elige una muestra aleatoria de 200 comisarías y un día al azar del calendario, y se obtienen los siguientes datos:

N denuncias interpuestas ese día	[5,9]	[10,14]	[15,19]	[20,24]	[25,29]
N comisarías	20	30	70	40	40

Se pide:

a) El número medio de denuncias interpuestas ese día, por comisaría y su varianza.

b) Si quiero coger el 15 % de las comisarías, quedándome con las que han tenido menor volumen de denuncias, ¿con qué valores me tendría que quedar (hasta qué número de denuncias)?

c) ¿Y si me quiero quedar con el 15 % de las comisarías con mayor volumen de denuncias?

Estas 200 comisarías, atienden a poblaciones de distintos tamaños. En la tabla siguiente desglosamos estas comisarías según el número de denuncias que se han interpuesto el día que estamos estudiando, y según el tamaño de la población que abarcan (en miles de habitantes):

Tamaño población	N denuncias				
	[5,9]	[10,14]	[15,19]	[20,24]	[25,29]
[0 - 20[	10			5	
[20 30[	10	15			
[30 40[		15	50	10	
[40 - 50]			20	30	40

d) Calcula la expresión de la recta de regresión que te permita predecir el número de denuncias que se expondrán un día cualquiera en una comisaría que atiende a una población de 32.000 personas. Además de calcular la expresión de la recta, calcula la predicción que te piden y su fiabilidad.

(Solución: *a*) $\bar{x} = 18{,}25$; $s_x^2 = 37{,}1875$; *b*) $P_{15} = 11{,}33$; *c*) $P_{85} = 26$; *d*) $y(x) = -1{,}9417 + 0{,}5457x$; $y(32) = 15{,}5207$; $r_{xy} = 0{,}8238$; $R^2 = 0{,}6786$; fiabilidad 67,86 %)

2. (11 julio 2011) El número de semanas de formación recibidas por 20 guardias de prisiones han sido las siguientes: 10, 16, 12, 16, 16, 16, 10, 8, 10, 12, 16, 18, 12, 16, 16, 8, 10, 12, 10, 16. Se pide:

a) El número medio de semanas y su varianza.

b) El número máximo de semanas de formación que ha recibido el 80 % de los guardias.

El número de errores que comenten estos guardias durante su primer mes de trabajo, una vez finalizada su formación, en relación con la duración de su formación (en semanas) vienen recogidos en la siguiente tabla:

Duración \ N errores	[5,10[	[10,15[	[15,20[	[20,25[
[5,10[				2
[10,15[		2	5	2
[15,20[	5	3	1	

c) Calcula la expresión de la recta de regresión que te permita predecir el número de errores en función de las semanas de formación. Además, predice los errores que cometerá un guardia con 15 semanas de formación y su fiabilidad.

(Solución: a) media = 13 semanas; varianza = 9,8 semanas; b) P_{80} = 16 semanas; c) $y(x) = 33,4 - 1,3x$; $y(15) = 13,9$; $R^2 = 0,63$; fiabilidad 63 %)

3. (25 mayo 2012) Se quiere estudiar si el número de dosis de drogas consumidas (variable X) por los reclusos de un centro penitenciario está relacionado con el número de agresiones registradas (variable Y) en el centro en un determinado periodo de tiempo. Para realizar este estudio se recoge una muestra de 15 internos y se obtiene la información indicada en la tabla siguiente:

X \ Y	[0, 3[	[3, 6[	[6, 9[
[1,5[	3		
[5,9[	1	4	1
[9,13[		1	5

a) ¿Existe relación entre el número de dosis consumidas y el número de agresiones registradas? En caso afirmativo, ¿en qué grado se da dicha relación?

b) Si se sabe que un interno ha consumido 8 dosis de droga, ¿cuál es el número previsible de agresiones que ha perpetrat? ¿Con qué fiabilidad se ha realizado esta previsión?

c) ¿Cuál es el número máximo de agresiones registradas por el 85 % de los reclusos?

(Solución: a) $\overline{X} = 7,8$; $s_X^2 = 8,96$; $\overline{Y} = 4,9$; $s_Y^2 = 5,84$; $s_{XY} = 6,08$; r_{XY} = 0,8405; b) $Y(8) = 11,0274$; fiabilidad 70,64 %; c) $P_{85}(Y) = 7,875$)

4. (13 julio 2012) En la tabla adjunta se indican las puntuaciones alcanzadas por siete estudiantes en un test para cursar estudios de Criminología (variable X) y las medias que han obtenido estos mismos estudiantes en el primer curso de la carrera (variable Y).

X	54	40	66	70	60	58	63
Y	3	2	6	8	4	3	7

a) ¿Existe relación entre estas dos variables? En caso afirmativo, ¿cuál es el grado de relación?

b) ¿Qué nota media hay que esperar para una persona que ha obtenido 64 puntos en el test? ¿Qué fiabilidad tiene esta previsión?

(Solución: a) $\overline{X} = 58{,}714$; $s_X^2 = 81{,}918$; $\overline{Y} = 4{,}714$; $s_Y^2 = 4{,}49$; $s_{XY} = 16{,}508$; $r_{XY} = 0{,}861$; b) $Y(64) = 5{,}779$; fiabilidad $74{,}13\%$)

5. (31 mayo 2013) A un grupo de graduados en Criminología se les ha pasado una batería de test para medir la habilidad verbal (X) y el razonamiento abstracto (Y). Las puntuaciones obtenidas vienen reflejadas en la tabla siguiente.

Y \ X	20	30	40	50
[25,35[	6	4		
[35,45[	3	6	1	
[45,55[		2	5	3
[55,65]		1	2	

Calculad:

a) Si se quiere coger al 15 % de los graduados en Criminología que han obtenido mejor puntuación en el test de razonamiento abstracto, ¿a partir de qué puntuación se tiene que hacer?

b) ¿Existe relación entre la habilidad verbal y el razonamiento abstracto?En caso afirmativo, ¿en qué grado se da?

c) Si un graduado en Criminología ha obtenido una puntuación de 48 puntos en razonamiento abstracto, ¿cuál es la puntuación previsible que ha obtenido en habilidad verbal? ¿Con qué fiabilidad se ha calculado esta previsión?

(Solución: a) $P_{85}(Y) = 59$; b) $\overline{X} = 34{,}75$; $s_X^2 = 119{,}9375$; $\overline{Y} = 45$; $s_Y^2 = 125$; $s_{XY} = 98{,}75$; $r_{XY} = 0{,}8065$; c) $X(48) = 37{,}12$; fiabilidad 65,04 %)

6. (10 julio 2013) En la provincia de Castellón se observa la evolución del precio de la naranja (en céntimos de euro/kg) y la cantidad de producción (en miles de toneladas) durante algunas campañas. Los datos vienen expresados en la tabla siguiente.

Precio \ Producción	[25,35[	[35,45[	[45,55[	[55,65[
100	2			5
110			1	
120			3	1
140		4	2	
160	2	3	1	
200	5	2		1

Calculad:

a) El percentil 25, la mediana y el percentil 85 del precio.

b) ¿Existe relación entre la cantidad de producción y el precio? En caso afirmativo, ¿en qué grado?

c) ¿Entre qué valores se encontrará el precio cuando la producción esté entre 115.000 y 135.000 toneladas? ¿Con qué confianza podemos dar estos datos?

(Solución: a) $P_{25} = 33{,}\widehat{8}$; Me $= 42{,}\widehat{7}$; $P_{85} = 58{,}1429$; b) $X = $ precio; $\overline{X} = 43{,}75$; $s_X^2 = 123{,}4375$; $\overline{Y} = 146{,}5625$; $s_Y^2 = 1360{,}0586$; $s_{XY} = $

$-227{,}7344$; $r_{XY} = -0{,}5558$; c) $X(Y) = -0{,}1674Y + 68{,}2911$; $X(115)$

$= 49{,}0401$; $X(135) = 45{,}6921$; fiabilidad $30{,}89\%$)

7. (13 junio 2014) Un banco estatal de cierto país africano está estudiando la posibilidad de bajar los tipos de interés para incentivar la inversión privada y así abrir la posibilidad de la creación de puestos de trabajo. Para hacerlo, contrasta los tipos de interés real de diferentes países con la inversión privada en los mismos países, y obtiene los resultados siguientes:

	Interés			
Inversión	**[0,05 ; 0,1[**	**[0,1 ; 0,15[**	**[0,15 ; 0,2[**	**[0,2 ; 0,25[**
[10,50[			2	6
[50,100[		1	5	
[100,150[	1	4		
[150,200[	5	1		

Sabiendo que los tipos de interés (X) vienen expresados en tanto por uno y la inversión (Y) en millones de euros:

a) Calcula P_{93}, P_{18} y P_{70} de la inversión y Me, Q_1 y Q_3 del tipo de interés.

b) ¿Existe relación entre ambas variables? En caso afirmativo, ¿en qué grado se da?

c) Si el tipo de interés baja de 0,18 a 0,09, ¿cuánto variará la inversión?, ¿con qué fiabilidad se puede afirmar?

(Solución: a) $P_{93}(Y) = 185{,}416$; $P_{18}(Y) = 32{,}5$; $P_{70}(Y) = 135$; $Me(X) =$
$0{,}1536$; $Q_1(X) = 0{,}1021$; $Q_3(X) = 0{,}1982$; b) $\overline{X} = 0{,}151$; $s_X^2 = 0{,}003024$;
$\overline{Y} = 94{,}6$; $s_Y^2 = 3163{,}84$; $s_{XY} = -2{,}8696$; $r_{XY} = -0{,}9276$; c) $Y(X)$
$= -948{,}9418X + 237{,}8902$; $Y(0{,}18) = 67{,}0807$; $Y(0{,}09) = 152{,}4854$;
$Y(0{,}09) - Y(0{,}18) = 85{,}26$ millones de euros; fiabilidad 86,04 %)

8. (10 julio 2014) El consumo de energía per cápita (Y) en miles de kWh
   y la renta per cápita (X) en miles de euros de seis países de la UE son
   los siguientes:

	Alemania	Bélgica	Dinamarca	España	Francia	Italia
Y	5,7	5,0	5,1	2,7	4,6	3,1
X	11,1	8,5	11,3	4,5	9,9	6,5

   a) ¿Hay relación entre ambas variables? En caso afirmativo, ¿en qué
      grado se da?

   b) ¿Qué previsión podemos hacer sobre el consumo de energía per
      cápita de Grecia, si su renta es de 4,4 miles de euros? ¿Con qué
      fiabilidad lo podemos predecir?

   c) Si queremos saber dónde se situa el 18 % de los países de la UE que
      tiene mejor renta per cápita, ¿a partir de cuántos miles de euros
      lo tenemos que hacer? ¿Qué países son?

(Solución: a) $\overline{X} = 8{,}6\widehat{3}$; $s_X^2 = 6{,}07\widehat{5}$; $\overline{Y} = 4\text{'}3\widehat{6}$; $s_Y^2 = 1{,}19\widehat{2}$; $s_{XY} =$
$2{,}5078$; $r_{XY} = 0{,}9318$; b) $Y(X) = 0{,}4128X + 0{,}8031$; $Y(4{,}4) = 2{,}6194$
miles de kWk; fiabilidad 86,83 %; c) $P_{82}(X) = 11{,}1$; tenemos que hacerlo

a partir de 11,1 miles de euros, los países en cuestión son Alemania y Dinamarca)

9. (12 junio 2015) La gerencia de una gran empresa quiere saber si la edad (X) de sus trabajadores influye en el número de días (Y) que están de baja a lo largo del año. Para hacer el estudio, se toma una muestra al azar de 200 trabajadores. Los resultados se muestran en la tabla siguiente:

X \ Y	[0,20[	[20,40[	[40,60[	[60,90[
[18,30[	28	2	0	30
[30,40[	26	15	4	45
[40,50[	6	14	5	25

a) ¿Existe relación entre la edad de los trabajadores y el número de días que están de baja a lo largo del año? Si existe, ¿en qué grado se da?

b) Si una persona ha faltado al trabajo 35 días, ¿cuál es la edad esperada de esta persona? ¿Con qué fiabilidad se da esta predicción?

c) Calcula el P_{95}, Q_3 y Me de la edad y el Q_1, P_{11} y P_{85} del número de días.

(Solución: a) $\overline{X} = 34,2$; $s_X^2 = 60,66$; $\overline{Y} = 47,4$; $s_Y^2 = 847,74$; $s_{XY} = 25,72$; $r_{XY} = 0,1134$; b) $X(35) = 33,8238$; fiabilidad 1,28 %; c) $P_{95}(X) = 48$; $Q_3(X) = 40$; $Me(X) = 34,\widehat{4}$; $Q_1(Y) = 16,6667$; $P_{11}(Y) = 7,3333$; $P_{85}(Y) = 81$)

10. (10 julio 2015) En la tabla adjunta están los datos referentes a 30 provincias sobre la relación existente entre el porcentaje de población urbana en distintas provincias (X) y la renta media por hogar (Y) expresada en miles de euros.

X/Y	[1,16[	[16,31[	[31,46[	[46,60[
[10,19[	1	1	1	
[19,28[		8	3	
[28,37[		3	7	1
[37,45[		2	3	

a) ¿Existe relación entre ambas variables? En caso afirmativo, ¿en qué grado se da?

b) Si una provincia tiene un 30 % de población urbana, ¿cuál se espera que sea su renta media por hogar? ¿Con qué fiabilidad se puede hacer esta predicción?

c) Calcula la Me, Q_1 y P_{71} del porcentaje de la población urbana; y el Q_3, P_{92} y P_{31} de la renta media por hogar.

(Solución: a) $\overline{X} = 28{,}8167$; $s_X^2 = 60{,}5747$; $\overline{Y} = 30{,}9833$; $s_Y^2 = 85{,}5081$; $s_{XY} = 26{,}8135$; $r_{XY} = 0{,}3726$; b) $Y(30) = 31{,}5071$; fiabilidad $13{,}88\,\%$; c) $Me(X) = 28{,}8182$; $Q_1(X) = 22{,}6818$; $P_{71}(X) = 33{,}9727$; $Q_3(Y) = 39{,}0357$; $P_{92}(Y) = 44{,}5000$; $P_{31}(Y) = 24{,}8929$)

11. (26 mayo 2016) En la tabla adjunta se recogen los datos correspondientes al número de hijos (X) y al saldo medio mensual de una cuenta de ahorros (Y) en miles de euros de 130 familias.

X/Y	[4;4,5[	[4,5;5[	[5;5,5[	[5,5;6[
0			8	22
1		3	51	3
2		22	6	
3	3	9		
4	3			

a) ¿Existe relación entre el número de hijos y el saldo medio mensual? En caso afirmativo, ¿en qué grado se da? Razona la respuesta.

b) ¿Qué saldo es esperable que tenga una familia con cinco hijos? ¿Cuál es la fiabilidad de la predicción? Razona la respuesta.

c) Se quiere clasificar a las familias en cuatro grupos de manera que en cada uno de ellos haya el mismo número de familias. ¿Cuál es el valor de los saldos que limitarán estos grupos? Razona la respuesta.

d) Calcula la Me, P_{17} y P_{97} del número de hijos.

(Solución: a) $\overline{X} = 1{,}2385$; $s_X^2 = 0{,}9662$; $\overline{Y} = 5{,}1692$; $s_Y^2 = 0{,}1531$; $s_{XY} = -0{,}3347$; $r_{XY} = -0{,}8703$; b) $Y(5) = 3{,}8662$; 3866,2 euros; fiabilidad 75,74 %; c) $Q_1(Y) = 4{,}8897$; $Q_2(Y) = 5{,}1923$; $Q_3(Y) = 5{,}4423$; d) $Me(X) = 1$; $P_{17}(X) = 0$; $P_{97}(X) = 3$)

12. (4 julio 2016) La tabla siguiente muestra las cantidades de metilmercurio (X) en μg Hg/dia consumidas al ingerir pescado contaminado y las correspondientes cantidades totales de mercurio en sangre (Y) en

ng/g de 12 personas participantes en un estudio sobre los efectos de la contaminación marina.

Identificador	Metil mercurio (X)	Mercurio en sangre (Y)
1	180	90
2	200	120
3	230	125
4	410	290
5	600	310
6	550	290
7	275	170
8	580	375
9	105	70
10	250	105
11	460	205
12	650	480

a) ¿Existe relación entre la cantidad de metilmercurio ingerida por día al consumir pescado contaminado y la cantidad de mercurio en sangre? En caso afirmativo, ¿en qué grado se da? Razona la respuesta.

b) Una persona que ingiere por día 300 microgramos de mercurio al consumir pescado contaminado, ¿cuál es la cantidad esperada de mercurio en sangre que se obtendrá al hacerle un análisis? ¿Con qué fiabilidad se da esta predicción? Razona la respuesta.

c) Halla el recorrido intercuartílico de la cantidad de mercurio en sangre y la Me, P_{13} y P_{83} de la cantidad de metilmercurio ingerida por día. Razona la respuesta.

(Solución: a) $\overline{X} = 374{,}1667$; $s_X^2 = 32961{,}8056$; $\overline{Y} = 219{,}1667$; $s_Y^2 = 15324{,}3056$; $s_{XY} = 21120{,}1191$; $r_{XY} = 0{,}9397$; b) $Y(300) = 171{,}6312$ ng/g; fiabilidad $88{,}31\%$; c) $Q_1(Y) = 112{,}5$; $Q_3(Y) = 300$; $Q_3(Y) - Q_1(Y) = 187{,}5$; $Me(X) = 342{,}5$; $P_{13}(X) = 180$; $P_{83}(X) = 580$)

13. (26 mayo 2017) En la tabla adjunta se recogen los datos correspondientes al número de años (X) de militancia en un partido político y el grado de satisfacción (Y) valorado de 0 a 10:

X/Y	[0,2[	[2,4[	[4,6[	[6,8[	[8,10[
[0,4[	1	2	3	9	20
[4,8[	4	6	7	3	4
[8,12[	7	14	4	3	1
[12,16[	10	7	2	2	1

a) ¿Existe relación entre el número de años de militancia en un partido político y el grado de satisfacción? En caso afirmativo, ¿en qué grado se da?

b) Si una persona lleva afiliada 11 años a un partido político, ¿cuál es el grado de satisfacción esperable? ¿Con qué fiabilidad se da esta predicción?

c) Calcula el recorrido intercuartílico del grado de satisfacción y los percentiles P_{13} y P_{87} del número de años de militancia.

14. (30 junio 2017) En un hospital de Castellón se consideró el número de visitas previas (X) a la hospitalización de 15 pacientes con enfermedades

crónicas y el número de días (Y) que permanecieron ingresados. Los resultados vienen dados en la tabla siguiente:

X/Y	[10,30[	[30,50[	[50,70[
0	3		
1	1	3	
2	1	2	
3			2
4		1	2

a) ¿Existe relación entre ambas variables? En caso afirmativo, ¿en qué grado se da?

b) Si una persona ha estado ingresada 35 días, ¿cuál es el número esperado de consultas previas a la hospitalización que habrá realizado? ¿Con qué fiabilidad se hace esta inferencia?

c) Calculad P_{18}, Me, Q_3 y P_{87} del número de días ingresado.

15. (25 mayo 2018) En la tabla siguiente se muestran los datos de los ingresos mensuales, en euros, de 25 familias (X) y el área de la superficie que ocupa su vivienda (Y), en metros cuadrados.

Área (Y)	Familias (X)		
	[1000,2000[	[2000,3000[	[3000,4000[
[40,70[	3		
[70,100[	4	2	
[100,130[	2	3	4
[130,160[		2	5

a) ¿Cuál es el porcentaje de las familias encuestadas que dispone de unos ingresos mensuales de menos de 2.000 €? ¿Y el porcentaje de las familias encuestadas que vive en una vivienda de área entre 100 y 130 metros cuadrados?

b) ¿Hay relación entre los ingresos mensuales y los metros cuadrados de la vivienda? En caso afirmativo, ¿en qué grado se da?

c) Si una familia dispone de unos ingresos mensuales de 2.700 €, ¿cuál es el área esperada que tendrá la superficie de su vivienda? ¿Con qué fiabilidad se da esta predicción?

d) Calculad el Q_1 y P_{83} de los ingresos familiares y el Q_3 y P_{13} del área de la superficie de la vivienda.

16. (28 junio 2018) Un estudio psicológico afirma, basándose en los datos obtenidos, que a medida que una persona crece comete menos errores en la resolución de conflictos en una situación experimental.

Los datos a partir de los que se manifiesta la afirmación del párrafo anterior son:

Identificador	Edad en años (X)	Respuestas inadecuadas (Y)
1	2	11
2	3	12
3	4	10
4	4	13
5	5	11
6	5	9
7	6	10
8	7	7
9	7	12

(sigue en la página siguiente)

Identificador	Edad en años (X)	Respuestas inadecuadas (Y)
10	9	8
11	9	7
12	10	3
13	11	6
14	11	5
15	12	5

a) Determina si, como afirma el estudio psicológico, existe relación entre la edad de las personas y el número de respuestas inadecuadas. Si existe relación, ¿en qué grado se da?

b) María, de diez años y medio de edad, participa en el experimento. ¿Cuál es el número de respuestas inadecuadas que se espera que obtenga? ¿Con qué fiabilidad se da esta estimación?

c) ¿Cuál es la edad a partir de la que sólo hay un 10 % de personas por encima de ella?

17. (24 mayo 2019) La tabla siguiente refleja la distribución de una muestra de viviendas nuevas en una zona residencial, según el número de habitaciones (X) y el área de su superficie en metros cuadrados (Y).

Habitaciones (X)	Área de la superficie (Y)			
	[60,70[	[70,80[	[80,90[	[90,100[
2	69	12	2	1
3	464	217	89	26
4	175	450	212	138

a) Calcula el Q_3, P_{13} y P_{85} del área de la superficie. ¿Cuál es el recorrido intercuartílico?

b) ¿Existe relación entre el número de habitaciones y el área de la superficie de la vivienda? En caso afirmativo, ¿en qué grado se da?

c) ¿Cuál es el número de habitaciones que cabe esperar que tenga una vivienda cuya área es de 95 metros cuadrados? ¿Con qué fiabilidad podemos inferir el resultado anterior?

18. (27 junio 2019) Se ha realizado un test de memoria (X) y otro de atención (Y) a varias personas recluidas en un centro penitenciario. Los resultados se reflejan en la tabla siguiente:

	Memoria (X)				
Atención (Y)	[0,10[	[10,20[	[20,30[	[30,40[	[40,50[
[0,10[					
[10,20[	1	1	1		
[20,30[		1	2	1	
[30,40[			1	2	1
[40,50[				1	

a) ¿Existe relación entre los test de memoria y de atención? En caso afirmativo, ¿en qué grado se da?

b) Si una persona ha obtenido una puntuación de 27 en el test de atención, ¿cuál es el valor esperado en su test de memoria? ¿Con qué fiabilidad se da este último valor?

c) Determina el IQR (recorrido intercuartílico) de los dos test.

CAPÍTULO 2. PROBABILIDAD

2.1. Introducción

Las sociedades humanas viven y se relacionan en un mundo complejo y multiforme, dotado de numerosas facetas en constante cambio, que es necesario conocer para poder mejorar. Pero esa complejidad hace necesaria una simplificación de la información para hacer accesible su estudio y/o investigación. Ahora bien, ¿cómo se puede simplificar este mundo? La matemática ofrece una respuesta a través de la creación de modelos matemáticos de aquellos aspectos que son objeto de interés.

¿A qué nos referimos cuando hablamos de modelos matemáticos? Un modelo matemático de un fenómeno real es un esquema simplificado e idealizado de dicho fenómeno objeto de estudio. Este esquema está constituido por diferentes relaciones matemáticas las cuales se establecen entre los diversos aspectos extraídos de la realidad y son considerados dentro del modelo matemático.

Es obvio que si el modelo matemático es una simplificación de la realidad, los resultados obtenidos a partir del mismo no se corresponderán fielmente con los reales, es decir, se producirá una cierta desviación entre ambos. Obviamente, el mejor modelo matemático es el que genera una diferencia menor entre los resultados del modelo y los resultados reales. De esta forma, la elección del modelo matemático idóneo para cada investigación vendrá determinada por su grado de ajuste a la realidad.

Como es de suponer, existen infinidad de modelos matemáticos. Por ello, ciñéndonos a los objetivos de esta obra, los acotaremos a dos: la distribución binomial y la distribución normal, que son modelos matemáticos encuadrados dentro de las llamadas distribuciones de probabilidad de variables aleatorias.

La distribución de probabilidad de una variable aleatoria es una función que asigna, a cada suceso aleatorio definido sobre la variable, la probabilidad de que ese suceso ocurra. Recordaremos lo que se entiende por suceso aleatorio y probabilidad:

· Suceso aleatorio es cualquier subconjunto del espacio muestral o conjunto de todos los resultados posibles de un experimento aleatorio, por ejemplo: el lanzamiento de un dado.

· La probabilidad es una cuantificación de la evidencia de que ocurra un suceso aleatorio.

La elección de los modelos matemáticos de la distribución binomial y de la distribución normal obedece a la versatilidad de estas dos distribuciones para modelizar una gran cantidad de situaciones reales. Además, en determinadas condiciones, la distribución binomial se puede aproximar por la distribución normal.

En este capítulo definimos las principales distribuciones de probabilidad y consideramos sus propiedades fundamentales. Se estudian aquellas distribuciones que están relacionadas con los conceptos que se van a trabajar a lo largo de esta memoria.

2.2. Conjuntos

2.2.1. Definición de conjuntos

Antes de comenzar con el tema propiamente dicho, consideramos necesario realizar un somero análisis sobre la definición de conjuntos, ya que será de gran ayuda para justificar la colocación de los signos de menor ($<$), menor o igual ($\leq$), mayor ($>$) y mayor o igual ($\geq$) cuando se determinen los sucesos aleatorios y se precise el cálculo de sus probabilidades.

Veámoslo con un ejemplo:

Sea E el conjunto formado por las nueve cifras significativas. Es decir,

$$E = \{1, 2, 3, 4, 5, 6, 7, 8, 9\}.$$

A partir de este conjunto (E), que tomamos de referencia, vamos a determinar otros conjuntos caracterizándolos en base al conjunto de referencia.

Sea el conjunto A_1 formado por los elementos de E tales que esos elementos son menores que 3. Expresando matemáticamente el conjunto A_1 se tiene que

$$A_1 = \{x \in E : x < 3\} = \{1, 2\}.$$

A partir de aquí los ejemplos de conjuntos que iremos expresando tan sólo lo haremos de forma matemática.

$$A_2 = \{x \in E : x \leq 5\} = \{1, 2, 3, 4, 5\}.$$

$$A_3 = \{x \in E : x > 4\} = \{5, 6, 7, 8, 9\}.$$

$$A_4 = \{x \in E : x \geq 6\} = \{6, 7, 8, 9\}.$$

$$A_5 = \{x \in E : x = 7\} = \{7\}.$$

$$A_6 = \{x \in E : 3 < x < 7\} = \{4, 5, 6\}.$$

$$A_7 = \{x \in E : 5 \leq x < 8\} = \{5, 6, 7\}.$$

$$A_8 = \{x \in E : 2 < x \leq 4\} = \{3, 4\}.$$

$$A_9 = \{x \in E : 4 \leq x \leq 7\} = \{4, 5, 6, 7\}.$$

A continuación realizaremos una operación de conjuntos que nos será útil en el cálculo de probabilidades. Se denomina complementación.

La complementación de un conjunto (A) son los elementos que le faltan a ese conjunto para ser el conjunto referencial y lo denotamos A^c.

Veamos dos ejemplos:

1. $A_1^c = E - A_1 = \{1, 2, 3, 4, 5, 6, 7, 8, 9\} - \{1, 2\} = \{3, 4, 5, 6, 7, 8, 9\}.$

2. $A_2^c = E - A_2 = \{1, 2, 3, 4, 5, 6, 7, 8, 9\} - \{1, 2, 3, 4, 5\} = \{6, 7, 8, 9\}$.

Veamos ahora otra forma de expresar los conjuntos A_1, A_2, A_3 y A_4 de manera que, en su definición, estén expresados con el signo $<$.

El A_1 se queda tal cual porque ya está expresado en la forma requerida.

$$A_2 = \{x \in E : x < 6\},$$

$$A_3 = E - A_3^c = E - \{x \in E : x < 5\},$$

$$A_4 = E - A_4^c = E - \{x \in E : x < 6\}.$$

A continuación se expresan los conjuntos anteriores pero con el signo $\leq$ en su definición.

El A_2 se queda así porque ya está expresado en la forma requerida.

$$A_1 = \{x \in E : x \leq 2\},$$

$$A_3 = E - A_3^c = E - \{x \in E : x \leq 4\},$$

$$A_4 = E - A_4^c = E - \{x \in E : x \leq 5\}.$$

Por último, se van a expresar los conjuntos A_6, A_7, A_8 y A_9 como diferencia de conjuntos.

En este caso, de gran importancia en el cálculo de probabilidades, hay que fijarse en qué conjunto se escribe como minuendo y qué conjunto se escribe como sustraendo. Así como la utilización de los signos $<$ y $\leq$ según los signos que tengan en la definición los conjuntos de partida.

$$A_6 = \{x \in E : 3 < x < 7\} = \{x \in E : x < 7\} - \{x \in E : x \leq 3\} =$$

$$= \{1,2,3,4,5,6\} - \{1,2,3\} = \{4,5,6\},$$

$$A_7 = \{x \in E : 5 \leq x < 8\} = \{x \in E : x < 8\} - \{x \in E : x < 5\} =$$

$$= \{1,2,3,4,5,6,7\} - \{1,2,3,4\} = \{5,6,7\},$$

$$A_8 = \{x \in E : 3 < x \leq 4\} = \{x \in E : x \leq 4\} - \{x \in E : x \leq 2\} =$$

$$= \{1,2,3,4\} - \{1,2\} = \{3,4\},$$

$$A_9 = \{x \in E : 4 \leq x \leq 7\} = \{x \in E : x \leq 7\} - \{x \in E : x < 4\} =$$

$$= \{1,2,3,4,5,6,7\} - \{1,2,3\} = \{4,5,6,7\}.$$

2.2.2.   Operaciones entre conjuntos

Como en el apartado anterior, vamos a tomar como conjunto de referencia a

$$E = \{1,2,3,4,5,6,7,8,9\}$$

y como conjuntos para realizar ejemplificaciones los A_i con $i = 1, \cdots, 9$.

Además necesitamos definir conjunto vacío, denotado por $\emptyset$, como el conjunto que no posee ningún elemento.

Unión de conjuntos

La unión de conjuntos, denotada por $\cup$, es el conjunto formado por los elementos de cada uno de los conjuntos intervinientes sin repetir elementos.

Ejemplos

$$A_1 \cup A_2 = \{1, 2, 3, 4, 5\} = A_2.$$

$$A_1 \cup A_3 = \{1, 2, 5, 6, 7, 8, 9\}.$$

$$A_2 \cup A_3 = \{1, 2, 3, 4, 5, 6, 7, 8, 9\} = E.$$

$$A_5 \cup A_6 \cup A_7 \cup A_8 \cup A_9 = \{3, 4, 5, 6, 7, 8, 9\}.$$

Intersección de conjuntos

La intersección de conjuntos, denotada por $\cap$, es el conjunto formado por los elementos comunes a todos los conjuntos intervinientes.

Ejemplos

$$A_1 \cap A_2 = \{1, 2\} = A_1.$$

$$A_2 \cap A_3 = \{5\}.$$

$$A_3 \cap A_4 = \{6, 7, 8, 9\} = A_4.$$

$$A_5 \cap A_6 = \emptyset.$$

$$A_6 \cap A_7 \cap A_9 = \{5, 6\}.$$

2.3.   Cálculo de probabilidades

Definición 1 *Se denomina experimento aleatorio a la prueba u operación realizada bajo ciertas condiciones y en la que no se puede predecir el resultado.*

Definición 2 *Se denomina espacio muestral al conjunto de todos los posibles resultados de un experimento aleatorio. Se suele denotar por E.*

Definición 3 *Se denomina suceso aleatorio, o simplemente suceso, a cualquier subconjunto de un espacio muestral.*

Definición 4 *Se denomina suceso seguro a aquel que ocurre siempre, es decir, el espacio muestral.*

Definición 5 *Dos sucesos se dice que son iguales cuando todo suceso elemental de uno está en el otro y viceversa.*

Definición 6 *Se denomina suceso imposible a aquel que nunca va a acontecer. Se representa por $\emptyset$.*

Definición 7 *Un suceso contrario a uno dado (A) es aquel que ocurre cuando no ocurre A y se denota por A^c.*

Definición 8 *Dos sucesos son incompatibles cuando no acontecen simultáneamente.*

Definición 9 *Un espacio medible es aquel que modela coherentemente el espacio muestral y la clase de sucesos estudiados en un experimento aleatorio.*

Esta estructura de espacio medible es la que sirve de base para la definición axiomática de probabilidad.

Definición axiomática de probabilidad

Sea $(E, \mathcal{A})$ un espacio medible asociado a un experimento aleatorio.

Una función $P : \mathcal{A} \to \mathbb{R}$ es una función de probabilidad sobre $(E, \mathcal{A})$ si verifica:

1. $\forall A \in \mathcal{A},\ P(A) \geq 0$.

2. $P(E) = 1$.

3. $\{A_i\}_{i \in \mathbb{N}} \subseteq \mathcal{A}$ y si $A_i \cap A_j = \emptyset$ para $i \neq j$, entonces

$$P\left(\bigcup_{i=1}^{\infty} A_i\right) = \sum_{i=1}^{\infty} P(A_i).$$

Expresados de otra forma los axiomas de probabilidad se pueden enunciar como:

1. La probabilidad de un suceso aleatorio es positiva o cero.

2. La probabilidad del suceso seguro (espacio muestral) es uno.

3. La probabilidad de la unión de sucesos disjuntos dos a dos es la suma de las probabilidades de los sucesos integrantes.

De estos axiomas se pueden deducir las propiedades siguientes:

1. La probabilidad del suceso contrario (A^c) es uno menos la probabilidad del suceso (A). Es decir, $P(A^c) = 1 - P(A)$.

2. La probabilidad del suceso imposible $(\emptyset)$ es cero. Es decir, $P(\emptyset) = 0$.

3. La probabilidad de la unión de dos sucesos cualesquiera es la probabilidad del primero más la probabilidad del segundo menos la probabilidad de la interescción de ambos. Es decir,

$$P(A \cup B) = P(A) + P(B) - P(A \cap B).$$

2.4. Variables aleatorias

Definición 10 *De una manera informal podemos decir que una variable aleatoria es una función que establece un valor numérico al resultado de un experimento aleatorio.*

Definición 11 *Un conjunto es discreto si está formado por un número finito de elementos, o si sus elementos son infinitos numerables, es decir, que se puedan enumerar de manera que haya un primero, un segundo, y así sucesivamente.*

Ejemplos:

- *Conjunto finito*

$$\{1, 3, 5, 7\}.$$

- *Conjunto infinito numerable*

$$\mathbb{N} = \{1, 2, 3, \cdots\} = \text{conjunto de los números naturales.}$$

Definición 12 *Un conjunto es no numerable cuando no se puede enumerar de manera que haya un primero, un segundo, y así sucesivamente.*

Ejemplos:

- *Conjunto de números entre el -1 y el 1, ambos inclusive, $[-1, 1]$.*

- *El conjunto de los números reales $= \mathbb{R}$.*

Definición 13 *Una variable aleatoria es discreta si su recorrido es un conjunto discreto.*

Definición 14 *Una variable aleatoria es continua si su recorrido es un conjunto no numerable.*

En este trabajo vamos a estudiar una variable aleatoria discreta (distribución binomial) y tres variables continuas (distribución normal o de Gauss, distribución t de Student y la distribución chi-cuadrada χ^2).

2.5. La distribución binomial

Definición 15 *Un ensayo de Bernoulli es un experimento aleatorio en el que sólo se pueden obtener dos resultados (generalmente denominados como éxito y fracaso).*

La distribución binomial es una distribución de probabilidad que calcula la probabilidad de obtener un número de éxitos en una secuencia de n ensayos de Bernoulli independientes entre sí y con una probabilidad de éxito p constante en todos los experimentos.

2.5.1. Características de la distribución binomial

Una distribución discreta es una distribución binomial si verifican estas tres características:

1. La probabilidad del resultado de un experimento no depende del resultado del resto.

2. Cada experimento es un ensayo de Bernoulli en el que a la probabilidad de éxito se la denota por p y a la probabilidad de fracaso por q ($q = 1 - p$).

3. El valor de ambas probabilidades es constante en todos los experimentos.

Si una variable aleatoria discreta X tiene una distribución binomial con parámetros $n \in \mathbb{N}$ y p con $0 < p < 1$ lo denotamos $X \sim Bi(n, p)$.

Función de probabilidad

Si $X \sim Bi(n, p)$ su función de probabilidad es

$$P(X = k) = \binom{n}{k} p^k q^{n-k} = \binom{n}{k} p^k (1-p)^{n-k}$$

donde

$$\binom{n}{k} = \frac{n!}{k!(n-k)!}.$$

Función de distribución

La función de distribución acumulada de una variable aleatoria $X \sim Bi(n, p)$ viene dada por

$$F_X(x) = P(X \leq x) = \sum_{k=0}^{x} \binom{n}{k} p^k (1-p)^{n-k}.$$

Media y desviación típica de una distribución binomial

Si $X \sim Bi(n, p)$ entonces su media es $n \cdot p$ y su desviación típica $\sqrt{n \cdot p \cdot q} = \sqrt{n \cdot p \cdot (1-p)}$.

2.5.2. Ejemplos

- Un examen de opción múltiple está compuesto por ocho preguntas, con cinco respuestas posibles cada una, de las cuales sólo una es correcta. Supóngase que uno de los estudiantes que realiza el examen responde al azar. ¿Cuál es la probabilidad de que conteste correctamente a cinco o más preguntas? ¿Cuál es la probabilidad de que no acierte ninguna? ¿Cuál es la probabilidad de que acierte alguna?

Solución. Sea $X =$ número de respuestas acertadas. Entonces,

$$X \sim Bi\left(8, \frac{1}{5}\right).$$

$$P(x \geq 5) = \binom{8}{5}\left(\frac{1}{5}\right)^5 \left(\frac{4}{5}\right)^3 + \binom{8}{6}\left(\frac{1}{5}\right)^6 \left(\frac{4}{5}\right)^2 +$$

$$+ \binom{8}{7}\left(\frac{1}{5}\right)^7 \left(\frac{4}{5}\right) + \binom{8}{8}\left(\frac{1}{5}\right)^8 = 0,0104.$$

Para utilizar la tabla de la binomial es necesario transformar la probabilidad pedida de forma que se parezca a alguno de los conjuntos A_i que se vió en el apartado de conjuntos. Para este caso en concreto nos debemos fijar en el conjunto A_4 determinado en función del $\leq$, ya que la tabla de la binomial está tabulada para el $\leq$. Además se cambia el conjunto referencial, E, por el número 1. Es decir,

$$P(X \geq 5) = 1 - P(X < 5) = 1 - P(X \leq 4) = 1 - 0,9896 = 0,0104.$$

Utilizando la tabla de la binomial para los dos apartados siguientes tenemos que:

$$P(X = 0) = P(X \leq 0) = 0,1678.$$

$$P(\text{alguna}) = 1 - P(X = 0) = 1 - 0,1678 = 0,8322.$$

- La probabilidad de que una persona escriba un mensaje de Twitter sin faltas de ortografía es $0,7$. Si esta persona suele escribir al día 10 mensajes de Twitter, calcula:

  1. la probabilidad de que, exactamente, la mitad de los mensajes escritos en un día no tengan faltas de ortografía,

  2. la probabilidad de que, como mucho, la quinta parte de los mensajes escritos en un día no tengan faltas de ortografía,

  3. la probabilidad de que 8 o más mensajes sí que contengan faltas de ortografía,

4. la probabilidad de que el número de mensajes con faltas de ortografía esté entre 3 y 6 ambos inclusive.

Solución

1. Sea X = número de mensajes de Twitter escritos sin faltas de
ortografía. Entonces,

$$X \sim Bi\,(10; 0,7).$$

La probabilidad pedida, utilizando la tabla de la binomial, es

$$P(X = 5) = P(X \le 5) - P(X \le 4) = 0,1503 - 0,0473 = 0,1030.$$

2.

$$P(X \le 2) = 0,0016.$$

3. Y = número de mensajes de Twitter escritos con faltas de ortografía. Entonces,

$$Y \sim Bi\,(10; 0,3).$$

$$P(Y \ge 8) = 1 - P(Y < 8) = 1 - P(Y \le 7) = 1 - 0,9984 = 0,0016.$$

4. La probabilidad pedida es

$$P(3 \le Y \le 6).$$

Para calcularla hay que tener en cuenta como se determinó el conjunto A_9 por diferencia de conjuntos. Es decir,

$$
\begin{aligned}
P(3 \leq Y \leq 6) &= P(Y \leq 6) - P(Y < 3) = \\
&= P(Y \leq 6) - P(Y \leq 2) = \\
&= 0,9894 - 0,3828 = 0,6066.
\end{aligned}
$$

2.6. La distribución normal

La distribución normal se puede decir que es la distribución más importante de la estadística y la probabilidad por sus innumerables aplicaciones.

La definición formal de su función de distribución está dada a continuación:

Definición 16

$$
\phi_{\mu,\sigma^2}(x) = \frac{1}{\sigma\sqrt{2\pi}} \int_{-\infty}^{x} e^{-\frac{(u-\mu)^2}{2\sigma^2}}\, du
$$

donde

$$
\begin{aligned}
\mu &= media, \\
\sigma &= desviación\ típica, \\
\sigma^2 &= varianza.
\end{aligned}
$$

Como puede observarse el manejo de esta función de distribución es arduo y complicado si no se dispone de un dispositivo electrónico que la tenga implementada. En consecuencia, para su utilización, recurriremos a una tabla. Ahora bien, para no tener que determinar una ingente cantidad de tablas, la única que se encuentra tabulada es la distribución normal de media cero ($\mu = 0$) y desviación típica uno ($\sigma = 1$) denotada por $N(0,1)$.

Pero, entonces, si en un problema necesito determinar una probabilidad de una normal $N(\mu, \sigma)$, ¿cómo he de proceder si sólo tengo tabulada la $N(0, 1)$?

El procedimeinto que resuelve la cuestión anterior se denomina tipificación de la variable y consiste en lo siguiente:

Sea $X \sim N(\mu, \sigma)$ entonces si definimos la variable aleatoria $Z = \frac{X-\mu}{\sigma}$, esta nueva variable se distribuye como una $N(0, 1)$. Es decir, $Z \sim N(0, 1)$.

Generalmente se disigna por Z la variable aleatoria que se distribuye según una $N(0, 1)$.

2.6.1. Propiedades de la distribución normal

Para las distribuciones de probabilidad continua son válidas estas propiedades:

1. $P(X \leq x_1) = P(X < x_1)$.

2. $P(X \geq x_1) = P(X > x_1) = 1 - P(X < x_1)$.

3. $P(x_1 \leq X \leq x_2) = P(x_1 < X \leq x_2) = P(x_1 \leq X < x_2) =$
   $= P(x_1 < X < x_2) = P(X < x_2) - P(X < x_1)$.

La distribución normal tipificada, es decir $Z \sim N(0, 1)$, además de poseer las propiedades anteriores (por ser una distribución continua) tiene estas por ser su función de densidad simétrica respecto del eje de ordenadas:

4. $P(Z < -z_1) = 1 - P(Z < z_1)$.

5. $P(Z > z_1) = 1 - P(Z < z_1)$.

2.6.2. Ejemplos

1. Sea $Z \sim N(0,1)$. Calcula las probabilidades siguientes:

    a) $P(Z \leq 0,32)$

    b) $P(Z < -1,07)$

    c) $P(Z \geq -0,75)$

    d) $P(-0,98 < Z \leq 1,06)$

Solución

    a)

$$P(Z \leq 0,32) = P(Z < 0,32) = 0,6255.$$

    b)

$$P(Z < -1,07) = 1 - P(Z < 1,07) = 1 - 0,8577 = 0,1423.$$

    c)

$$P(Z \geq -0,75) = \; 1 - P(Z < -0,75) = 1 - (1 - P(Z < 0,75)) =$$

$$= \; P(Z < 0,75) = 0,7734.$$

2. Los salarios mensuales de los recién graduados que acceden a su primer empleo se distribuyen según una distribución normal de media 1.300 € y desviación típica 600 €. Calculad el porcentaje de graduados que cobran:

  a) menos de 600 € al mes

  b) entre 1.000 € y 1.500 € al mes

  c) más de 2.200 € al mes

Solución. Sea $X =$ salario mensual de los recién graduados. Entonces, $X \sim N(1300, 600)$.

Tipificando la variable se tiene que $Z = \dfrac{X - 1300}{600} \sim N(0, 1)$ y teniendo en cuenta las propiedades enunciadas en el apartado anterior se tiene que:

  a)

$$P(X < 600) = P\left(Z < \frac{600 - 1300}{600}\right) = P(Z < -1,17) =$$

$$= 1 - P(Z < 1,17) = 1 - 0,879 = 0,121.$$

$b)$

$$P(1000 < X < 1500) = P\left(\frac{1000 - 1300}{600} < Z < \frac{1500 - 1300}{600}\right) =$$

$$= P(-0,5 < Z < 0,33) =$$

$$= P(Z < 0,33) - P(Z < -0,5) =$$

$$= P(Z < 0,33) - (1 - P(Z < 0,5)) =$$

$$= P(Z < 0,33) + P(Z < 0,5) - 1 =$$

$$= 0,6293 + 0,6915 - 1 = 0,3208.$$

$c)$

$$P(X > 2200) = P\left(Z > \frac{2200 - 1300}{600}\right) = P(Z > 1,5) =$$

$$= 1 - P(Z < 1,5) = 1 - 0,9332 = 0,0668.$$

2.6.3. Aproximación de la distribución binomial a la distribución normal

El cálculo de las probabilidades en una distribución binomial cuando el tamaño de la muestra es grande resulta arduo. Pero si los parámetros de esta distribución cumplen unas determinadas condiciones, el cálculo de las probabilidades de la binomial se efectúa mediante una aproximación a la distribución normal.

Teorema 2.6.1 *(de De Moivre) Sea $X \sim Bi(n,p)$. Si $n \cdot p > 5$ y $n \cdot q = n \cdot (1 - p) > 5$, entonces $X \approx X' \sim N\left(n \cdot p, \sqrt{n \cdot p \cdot (1 - p)}\right)$.*

El teorema de De Moivre nos asegura que, bajo ciertas condiciones, una distribución binomial se puede aproximar por una distribución normal. Pero, si analizamos más detenidamente el teorema, observamos que estamos aproximando una distribución discreta (la binomial) por una distribución continua (la normal). Esto acarrea el problema de que, mientras que en la distribución binomial tiene sentido el preguntarnos tanto por probabilidades puntuales como por probabilidades en las que sí tenga importancia saber si el primer o último valor entra o no entra en las posibilidades del problema, en el caso de la distribución normal las probabilidades puntuales carecen de sentido y las segundas no ofrecen diferencia.

Para aclarar y diferenciar este tipo de situaciones, se ha adoptado como norma general realizar correcciones que vienen a solucionar ese matiz diferenciador en las distribuciones discretas al aproximarlas mediante una distribución continua. Estas correciones se conocen, generalmente, como correcciones de Yates y son las siguientes:

Sea $X \sim Bi(n,p)$ y $X' \sim N\left(n \cdot p, \sqrt{n \cdot p \cdot q}\right)$.

1. $P(X = k) = P(k - 0,5 < X' < k + 0,5)$.

2. $P(X \leq k) = P(X' < k + 0,5)$.

3. $P(X < k) = P(X' < k - 0,5)$.

Ejemplo

El 35 % de las viviendas de una determinada región están conectadas a internet. Se escogen 80 de estas viviendas y se pide:

1. La probabilidad de que al menos 20 de ellas estén conectadas a internet.

2. El número esperado de viviendas no conectadas a internet.

3. La probabilidad de que el número de viviendas conectadas a internet esté entre 10 y 30, ambos inclusive.

4. La probabilidad de que haya exactamente 15 viviendas conectadas.

Solución. Sea $X =$ número de viviendas conectadas a internet. Entonces, $X \sim Bi(80; 0, 35)$.

Como $80 \cdot 0, 35 = 28 > 5$ y $80 \cdot 0, 65 = 32 > 5$, por el teorema de De Moivre, $X \approx X'$ de manera que

$$X' \sim N\left(80 \cdot 0, 35; \sqrt{80 \cdot 0, 35 \cdot 0, 65}\right).$$

Es decir, $X' \sim N(28; 4, 266)$.

1.

$$P(X \geq 20) = \quad 1 - P(X < 20) = 1 - P(X' < 19, 5) =$$

$$= \quad 1 - P\left(Z < \frac{19, 5 - 28}{4, 266}\right) = 1 - P(Z < -1, 99) =$$

$$= \quad 1 - (1 - P(Z < 1, 99)) = P(Z < 1, 99) = 0, 9767.$$

2. Antes de efectuar ningún cálculo debemos reparar en que la pregunta es sobre el número de viviendas no conectadas. Entonces, si el número esperado de viviendas conectadas es $n \cdot p = 80 \cdot 0, 35 = 28$, en el caso de las no conectadas el número esperado es $80 - 28 = 52$.

3.

$$P(10 \leq X \leq 30) = P(X \leq 30) - P(X < 10) =$$

$$= P(X' < 30, 5) - P(X' < 9, 5) =$$

$$= P\left(Z < \frac{30, 5 - 28}{4, 266}\right) - P\left(Z < \frac{9, 5 - 28}{4, 266}\right) =$$

$$= P(Z < 0, 59) - P(Z < -4, 34) =$$

$$= P(Z < 0, 59) - (1 - P(Z < 4, 34)) =$$

$$= P(Z < 0, 59) + P(Z < 4, 34) - 1 =$$

$$= 0, 7224 + 1 - 1 = 0, 7224.$$

4.

$$P(X = 15) = P(14, 5 < X' < 15, 5) =$$

$$= P(X' < 15, 5) - P(X' < 14, 5) =$$

$$= P\left(Z < \frac{15, 5 - 28}{4, 266}\right) - P\left(Z < \frac{14, 5 - 28}{4, 266}\right) =$$

$$= P(Z < -2, 93) - P(Z < -3, 16) =$$

$$= 1 - P(Z < 2, 93) - (1 - P(Z < 3, 16)) =$$

$$= P(Z < 3, 16) - P(Z < 2, 93) =$$

$$= 0, 9992 - 0, 9983 = 0, 0009.$$

Como los valores de $P(Z < 3, 16)$ y de $P(Z < 2, 93)$ no están tabulados, se han tomado para el primero el valor de $P(Z < 3, 15)$ y para el segundo el valor de $P(Z < 2, 92)$.

2.7. La distribución t

La distribución t de Student es una distribución continua de probabilidad que aparece cuando se estima la media de una población normalmente distribuida cuando el tamaño de la muestra es pequeño y la desviación típica poblacional es desconocida. La construcción de esta distribución se debe a William Sealy Gosset en 1908 cuando publica el artículo «The probable error of a mean» en la revista *Biometrika*. El artículo está firmado con un pseudónimo: Student. La razón de este anonimato está en los directores de la cervecera Guinnes (donde trabajaba Gosset), que querían mantener en secreto todos los detalles de la producción para que no fueran copiados por la competencia.

Distribución t de Student a partir de una muestra aleatoria

Sean $X_1, \cdots, X_n$ variables aleatorias independientes distribuidas según una $N(\mu, \sigma)$. Es decir, $X_1, \cdots, X_n$ es una muestra aleatoria de tamaño n de una pobación con distribución $N(\mu, \sigma)$.

Sean $\overline{X} = \dfrac{1}{n} \displaystyle\sum_{j=1}^{n} X_j$ la media muestral y $S_{n-1}^2 = \dfrac{1}{n-1} \displaystyle\sum_{j=1}^{n} \left(X_j - \overline{X} \right)^2$ la cuasivarianza muestral. Entonces la variable aleatoria $\dfrac{\overline{X} - \mu}{\frac{\sigma}{\sqrt{n}}}$ se distribuye $N(0,1)$ y la variable $\dfrac{\overline{X} - \mu}{\frac{S_n}{\sqrt{n-1}}}$ se distribuye según una t de Student con $n-1$ grados de libertad.

La variable S_n es la desviación típica de la muestra.

Por otra parte, la expresión grados de libertad fue introducida por el matemático Ronald Fisher. El significado de la expresión es el número de variables libres (independientes) que hay en el conjunto de observaciones. En el caso anterior, de n observaciones, $n-1$ son libres (independientes).

Búsquedas en una tabla de la distribución t de Student

En la tabla que usamos, la columna de la izquierda marca los grados de libertad y el encabezamiento la probabilidad que deja la curva a la izquierda del valor buscado. Es decir, si $T \sim t_n$ y se quiere determinar el valor de la distribución que deja a su izquierda una probabilidad α, se debe proceder a buscar en la tabla el valor de la distribución $t_{\alpha,n}$ tal que $P(T < t_{\alpha,n}) = \alpha$.

Ejemplos

1. Sea $T \sim t_{11}$. Determina el valor de la distribución T que deja a su izquierda una probabilidad de $0,85$.

   Solución.   Se busca en la columna de la tabla el valor de los grados de libertad, en este caso $n = 11$, y en el encabezamiento la probabilidad, en este caso $0,85$, y donde se cortan ambas líneas es el valor buscado, en este caso $t_{0,85;11} = 1,088$. Es decir,

   $$P(T < t_{0,85;11}) = P(T < 1,088) = 0,85.$$

2. Sea $T \sim t_{25}$. Determina el valor de la distribución T que deja a su izquierda una probabilidad de $0,99$.

Solución. Procediendo de manera análoga al caso anterior se tiene que

$$P(T < t_{0,99;25}) = P(T < 2,485) = 0,99.$$

2.8.   La distribución chi-cuadrado

La distribución chi-cuadrado con n grados de libertad (χ_n^2) es una distribución continua de probabilidad formada por la suma del cuadrado de n variables aleatorias independientes con distribución $N(0,1)$.

Es una de las distribuciones de probabilidad más usadas en Inferencia Estadística, principalmente en pruebas de hipótesis y en la construcción de intervalos de confianza.

Definición como la suma de variables N(0,1)

Sean $Z_1, \cdots, Z_n$ variables aleatorias independientes tales que $Z_j \sim N(0,1)$ para $j = 1, \cdots, n$. Sea X la variable aleatoria definida por $X = \sum_{j=1}^{n} Z_j^2$, entonces $X \sim \chi_n^2$.

Búsquedas en una tabla de la distribución chi-cuadrado

La búsqueda es similar a la búsqueda en la tabla t de Student vista en la sección anterior.

Ejemplos

1. Sea $X \sim \chi_6^2$. Determina el valor de la distribución X que deja a su izquierda una probabilidad de $0,99$.

   Solución. Se busca la hoja en que en la columna esté el valor $n = 6$ y en el encabezamiento la probabilidad $0,99$. Donde se cortan ambas lineas es el valor buscado $(16,81)$. Es decir,

   $$P(X < \chi_{0,99;6}) = P(X < 16,81) = 0,99.$$

2. Sea $X \sim \chi_{17}^2$. Determina el valor de la distribución X que deja a su izquierda una probabilidad de $0,001$.

   Solución. Se busca la hoja en que en la columna esté el valor $n = 17$ y en el encabezamiento la probabilidad $0,001$. Donde se cortan ambas líneas es el valor buscado $(4,416)$. Es decir,

   $$P(X < \chi_{0,001;17}) = P(X < 4,416) = 0,001.$$

2.9. Exámenes años anteriores

1. (27 mayo 2011) De años anteriores, se sabe que el número de juicios que se celebran semanalmente en el juzgado de Castellón durante un mes cualquiera, sigue una distribución normal de media 200 juicios y desviación típica 15.

a) Calcula la probabilidad de que una semana de este mes de julio se celebren menos de 210 juicios.

b) Calcula la probabilidad de que el número de juicios celebrados en un mes oscile entre 185 y 210 juicios.

c) Se va a hacer una planificación de horas de trabajo y material para 10 semanas, suponiendo que cada semana se van a celebrar menos de 210 juicios. ¿Cuál es la probabilidad de que esta planificación se desborde (porque el número de juicios celebrados es mayor de 210) durante dos semanas o más?

(Solución: a) 0,7486; b) 0,5899; c) X = número total de semanas que se celebran más de 210 juicios, Bi(n = 10; p = 0,25), P($X \geq 2$) = 0,756)

2. (11 julio 2011) La duración de las marcas de las huellas dactilares que quedan en los objetos después de que un presunto delincuente los haya tocado se distribuye normalmente con media 700 horas y desviación típica de 60 horas. Se pide:

a) ¿Cuál es la probabilidad de que las huellas se pierdan antes de 600 h?

b) El porcentaje de permanencia de las huellas que tardan en desaparecer entre 300 y 800 horas.

c) ¿Cuál es la permanencia que exceden el 95 % de las huellas?

d) En la escena de un delito se han tomado ocho huellas. ¿Cuál es la probabilidad de que tres de ellas se pierdan antes de 600 h?

(Solución: a) $X \sim N(700,60)$, $P(X \leq 600) = 0{,}0485$; b) $P(300 \leq X \leq 800) = 0{,}9515$, $95{,}15\%$; c) $P_5 = 601$ horas, El 95% de la huellas permanecen más de 601 horas, El 5% de las huellas desaparecen después de 601 horas; d) $Y = $ número de huellas que se pierden antes de 600 horas de un lote de 8 huellas, $Y \sim Bi(8;0{,}05)$, $P(Y = 3) = 0{,}0054$)

3. (25 mayo 2012) En la última convocatoria de oposiciones al cuerpo de funcionarios de Instituciones Penitenciarias han obtenido plaza 300 personas. La altura de estas personas se distribuye normalmente con media 172 cm y desviación típica de 7 cm. ¿Cuántos de estos funcionarios tienen una altura:

a) Mayor de 180 cm?

b) Menor de 163 cm?

c) Entre 165 cm y 181 cm?

(Solución: a) $X \sim N(172,7)$, $P(X > 180) = 0{,}1271$; 38 funcionarios; b) $P(X < 163) = 0{,}0985$; 30 funcionarios; c) $P(165 < X < 181) = 0{,}7428$; 223 funcionarios)

4. (13 julio 2012) Se sabe por estudios anteriores que el 3 % de los expedientes incoados en los juzgados valencianos contienen errores en la identificación de los sujetos. Si se analizan 1.500 expedientes, calculad:

   a) La probabilidad de que 40 expedientes resulten con errores en la identificación de los sujetos.

   b) La probabilidad de que haya entre 25 y 50 expedientes (ambos incluidos) que resulten con errores en la identificación de los sujetos.

   (Solución: a) $X \sim \text{Bi}(1.500;0,03) \to X \sim \text{N}(45;6,61)$, $\text{P}(X = 40) = 0,045$; b) $\text{P}(25 \leq X \leq 50) = 0,7957$)

5. (31 mayo 2013) Un laboratorio afirma que un medicamento causa efectos secundarios en 50 de cada 1.000 pacientes. En el Centro Penitenciario de Castellón se administra este medicamento para el tratamiento de una determinada enfermedad. Si se escogen seis reclusos a los que se les administra el medicamento, calculad:

   a) La probabilidad de que ningún paciente tenga efectos secundarios.

   b) La probabilidad de que al menos dos tengan efectos secundarios.

   c) La probabilidad de que exactamente tres padezcan efectos secundarios.

   d) El número medio de pacientes que se espera que padezcan efectos secundarios si se eligen 300 reclusos, a los que se les suministra el medicamento, al azar.

(Solución: a) $X \sim$ Bi(6;0,05), $P(X = 0) = 0{,}7351$; b) $P(X \geq 2) =$ 0,0328; c) $P(X = 3) = 0{,}0021$; d) $E[X] = 15$)

6. (10 julio 2013) Los resultados de una prueba de selección a 500 personas permite afirmar que la puntuación sigue una distribución normal con media de 40 puntos y varianza de 64 puntos.

   a) Calculad cuántas de las personas examinadas han obtenido una puntuación entre 30 y 50 puntos.

   b) Si se eligen al azar tres personas de estas 500, calculad la probabilidad de que todas tengan una puntuación superior a 50 puntos.

   (Solución: a) $X \sim$ N(40,8), $P(30 \leq X \leq 50) = 0{,}7888$; 394 de las personas examinadas; b) $P(X > 50) = 0{,}00118$)

7. (13 junio 2014) La probabilidad de que un recién nacido sea niño es de 0,52. Un año, en Barcelona, nacieron 3.000 personas. ¿Cuál es la probabilidad de que nacieran entre 1.450 y 1.600 (no inclusive) niños? Y ¿de qué nacieran 1.500 niños exactamente?

   (Solución: $X \sim$ Bi(3.000;0,52) $\rightarrow X \sim$ N(1.560;27,36); $P(1.450 < X_B < 1.600) = 0{,}9251$; $P(X_B = 1.500) = 0{,}0014$)

8. (10 julio 2014) La opinión que tiene la población sobre la terapia de grupo es favorable en el 40 % de los casos, y desfavorable en el resto. Elegidos cinco individuos al azar, halla:

a) La probabilidad de que sólo dos la consideren favorable.

b) La probabilidad de que más de dos la consideren desfavorable.

c) Sobre una población formada por mil individuos, ¿cuál es la probabilidad de que entre 350 y 450 (ambos inclusive) la consideren favorable?

(Solución: a) $X \sim$ Bi(5;0,4), P($X = 2$) = 0,3456; b) $X \sim$ Bi(5;0,6), P($X > 2$) = 0,6826; c) $X \sim$ Bi(1.000;0,4) $\rightarrow X \sim$ N(400;15,49); P(350 $\leq X_B \leq$ 450) = 0,9988)

9. (12 junio 2015) Se sabe que dos de cada ocho habitantes de una ciudad utilizan el transporte público para ir a su lugar de trabajo. Se hace una encuesta a 140 de estos ciudadanos. Determina:

a) El número esperado de ciudadanos que no van a su lugar de trabajo en transporte público.

b) La probabilidad de que el número de ciudadanos que van al lugar de trabajo en transporte público esté entre 30 y 45 (ambos inclusive).

c) La probabilidad de que, como mucho, 38 habitantes utilicen el transporte público.

(Solución: a) $X \sim$ Bi(140;0,25) $\rightarrow X \sim$ N(35;5,12); E[X] = 105; b) P(30 $\leq X_B \leq$ 45) = 0,8375; c) P($X_B \leq$ 38) = 0,7517)

10. (10 julio 2015) El 25 % de las viviendas de una región tienen conexión a internet. Se toman 80 viviendas y se pide:

   a) La probabilidad de que al menos 20 de ellas estén conectadas a internet.

   b) El número esperado de viviendas no conectadas a internet.

   c) La probabilidad de que el número de viviendas conectadas a internet esté entre 10 y 30 (ambas inclusive).

   (Solución: a) $X \sim Bi(80;0{,}25) \rightarrow X \sim N(20;3{,}87)$, $P(X_B \geq 20) = 0{,}5517$; b) $E[X] = 60$ c) $P(10 \leq X_B \leq 30) = 0{,}9932$)

11. (26 mayo 2016) La cantidad de substancia activa contenida en una dosis de cierta vacuna se distribuye según una normal de media 50 unidades y de varianza 4,1616 unidades cuadradas. Se ha comprobado que la vacuna inmuniza si la dosis administrada contiene una cantidad de substancia activa comprendida entre 46 y 54 unidades.

   a) ¿Cuál es la probabilidad de que una persona, elegida al azar, a la que se le administra la vacuna, no se inmunice? Razona la respuesta.

   b) En el Centro Penitenciario de Albocásser se ha administrado la vacuna a 150 internos. ¿Cuál es la probabilidad de que se hayan inmunizado 139 internos? Razona la respuesta.

(Solución: a) $X \sim \mathrm{N}(50;2,04)$, $\mathrm{P}(46 \leq X \leq 54) = 0,95$; La probabilidad de que la persona no se inmunice es del 0,05 b) $X \sim \mathrm{Bi}(150;0,95) \rightarrow$ $X \sim \mathrm{N}(142,5;2,67)$; $\mathrm{P}(X_B = 139) = 0,0646)$

12. (4 julio 2016) En los exámenes de la JQCV (Junta Qualificadora de Coneixements de Valencià) saben, por experiencia de otros años, que el 5 % de las personas que pasan la primera prueba no asisten el día de la segunda prueba. Si han pasado la primera prueba 285 personas y para la segunda prueba hay previstas aulas para 270 personas, calcula la probabilidad de que:

    a) No sobre ni falte ningún lugar el día de la segunda prueba.

    b) No tengan problemas de capacidad el día de la segunda prueba, es decir, se presenten como máximo 270 personas.

    c) Tengan problemas de capacidad el día de la segunda prueba.

(Solución: a) $X \sim \mathrm{Bi}(285;0,95) \rightarrow X \sim \mathrm{N}(270,75;3,68)$, $\mathrm{P}(X_B = 270)$ $= 0,1052$; b) $\mathrm{P}(X_B \leq 270) = 0,4721$; c) $\mathrm{P}(X_B > 270) = 0,5279)$

13. (26 mayo 2017) En el Hospital General de Castelló se ha comprobado que las tallas y los pesos de los recién nacidos se distribuyen según leyes normales con media de 51 cm y desviación típica de 2,1 cm, y con media de 3,3 kg y desviación típica de 0,4 kg, respectivamente. Averigua la probabilidad de que un recién nacido tenga:

    a) una talla inferior a 48 cm

    b) una talla superior a 56 cm

    c) una talla comprendida entre 51 cm y 54 cm

    d) un peso inferior a 3 kg

    e) un peso superior a 4 kg

    f) un peso comprendido entre 3,1 kg y 3,5 kg

14. (30 junio 2017) Se celebra un congreso sobre criminología en París y tú estás interesado/a en ir, pero no has reservado billete de avión. El día del viaje no quedan plazas y te apuntan en la lista de espera. En la lista ocupas el lugar 60. El día del viaje hay 1.500 plazas en los distintos vuelos y la probabilidad de que se anule una reserva es 0,05, ¿cuál es la probabilidad de poder volar ese día a París?

15. (27 junio 2019) El 70 % de los habitantes de una localidad se oponen a que se construya en su término municipal un cementerio nuclear. Se elije una muestra aleatoria de 80 personas de esa localidad. ¿Cuál es la probabilidad de que:

    a) haya más de 60 personas que se opongan al proyecto?

    b) exactamente 50 personas se opongan al proyecto?

16. (25 mayo 2018) Después de efectuar un estudio de habitabilidad de los hogares madrileños, se ha descubierto que el 30 % están por debajo del límite de habilidad.

    Se ha tomado una muestra aleatoria simple de 40 hogares madrileños.

    a) ¿Cuál es la probabilidad de que, como máximo, el 50 % de los hogares esté por debajo del nivel de habitabilidad?

    b) ¿Cuál es la probabilidad de que, como mínimo, lo esté el 25 %?

17. (28 junio 2018) Las compañías de seguros han calculado que uno de cada cinco vehículos tiene un accidente al año. Si se toman al azar 40 vehículos, determina:

    a) La probabilidad de que un año 10 vehículos tengan un accidente.

    b) La probabilidad de que un año entre 10 y 12 vehículos, ambos incluidos, tengan un accidente.

    c) ¿Cuál es la probabilidad de que en un año se accidenten más de 15 vehículos?

18. (24 mayo 2019) El jefe de Recursos Humanos de una empresa realiza un test de diez ítems a los aspirantes a un puesto en la empresa. Cada ítem tiene cinco posibles respuestas de las que una sola es correcta. Suponiendo que los aspirantes tienen la misma probabilidad de responder, se pide el cálculo de las siguientes probabilidades para el aspirante:

a) Conteste todos los ítems mal.

b) Conteste al menos cuatro ítems bien.

c) Conteste entre cuatro y seis ítems bien (ambos inclusive).

d) Conteste todos los ítems bien.

e) Conteste menos de tres ítems bien.

CAPÍTULO 3
INFERENCIA ESTADÍSTICA

3.1. Introducción

En este capítulo vamos a aplicar los resultados vistos previamente para estimar algunos parámetros de las poblaciones que estudiamos. Nuestra principal herramienta es la probabilidad y los conceptos tratados en la sección de estadística descriptiva.

Dada una muestra aleatoria simple, nuestro objetivo en el presente capítulo es inferir datos sobre la población partiendo de los estadísticos extraídos de la muestra.

Para ello, haremos uso de dos métodos. En primer lugar, la estimación de parámetros que a su vez puede ser puntual o mediante la obtención de intervalos de confianza que proporcionan un rango posible de valores para el parámetro estudiado con una alta probabilidad de incluir entre estos valores el valor del parámetro en cuestión. En segundo lugar, el contraste de hipótesis que consiste en el planteamiento de una afirmación sobre la población o sobre el valor de uno de sus parámetros, seguida de un estudio diseñado para medir la diferencia entre los resultados obtenidos a partir de la muestra y los que afirmamos al plantear nuestra hipótesis.

3.2. Estimación puntual

Mediante la estimación puntual se intenta aproximar el valor del parámetro desconocido.

En esta trabajo sólo se abordará el uso de dos estimadores puntuales: la media muestral ($\overline{x}$), para estimar la media poblacional (μ), y la proporción muestral ($\widehat{p}$), para estimar la proporción poblacional (p).

Parece que sea evidente que para estimar la media y la proporción poblacional sus estimadores sean, respectivamente, la media muestral y la proporción muestral. En realidad estos estimadores se han escogido porque cumplen una serie de propiedades que nos aseguran que son los mejores bajo unos ciertos criterios. A continuación se enuncian, sin demostración y sin aparataje matemático, las principales propiedades que deben cumplir los estimadores.

- Insegadez

  Un estimador se dice que es insesgado cuando su esperanza matemática coincide con el valor del parámetro.

  Los estimadores $\overline{x}$ y $\widehat{p}$ son insesgados. Pero, por ejemplo, el estimador de la varianza poblacional (σ^2) dado por la varianza muestral (s_n^2) no es insesgado. El estimador insesgado de σ^2 es la cuasivarianza muestral s_{n-1}^2 donde

$$s_n^2 = \sum_{j=1}^{n} \frac{(x_j - \overline{x})^2}{n}, \quad s_{n-1}^2 = \sum_{j=1}^{n} \frac{(x_j - \overline{x})^2}{n-1}.$$

- Consistencia

  Un estimador se dice que es consistente cuando, a medida que crece el tamaño de la muestra, la diferencia entre el parámetro y el estimador se hace más pequeña.

  Los estimadores $\overline{x}$, $\widehat{p}$ y s_{n-1}^2 son consistentes.

- Suficiencia

  Un estimador es suficiente para un parámetro si toda la información acerca del parámetro está contenida en la muestra.

  Los estimadores $\overline{x}$, $\widehat{p}$ y s_{n-1}^2 son suficientes.

- Eficiencia

  La eficiencia es un requisito de precisión, esto es, será más preciso aquel estimador que tenga menor varianza.

  Los estimadores $\overline{x}$ y s_{n-1}^2 son de varianza mínima cuando la muestra proviene de una población cuya distribución es normal. El estimador $\widehat{p}$ es de varianza mínima cuando la muestra proviene de una población cuya distribución es binomial.

3.3.   Estimación por intervalos de confianza

La estimación por intervalos de confianza proporciona el rango de valores en que se puede confiar que está el verdadero valor poblacional. En consecuencia, posibilita evaluar la imprecisión de la estimación puntual.

En esta publicación, teniendo en cuenta la guía docente de la asignatura en la que está inspirado este trabajo, nos vamos a ceñir únicamente a los intervalos de confianza de la media y de la proporción.

¿Qué se quiere expresar cuando hablamos del concepto confianza? Veámoslo con un ejemplo:

Supongamos que queremos un intervalo con una confianza del 95 % de que el parámetro se encuentre dentro de ese intervalo. Entonces, si en lugar de tomar todas las muestras posibles se toman 100, aproximadamente, 95 de los intervalos contendrán el valor del parámetro a estimar. Ahora bien, como sólo vamos a disponer de una muestra, admitiremos que el intervalo que obtengamos sea de los 95 que contienen el parámetro.

Método pivotal

Para construir los intervalos de confianza usaremos el método pivotal.

Definición 17 *Sea $X_1, \cdots, X_n$ una muestra aleatoria simple de una variable aleatoria X cuya distribución depende de un parámetro θ. Un pivote o una* *cantidad pivotal es una función* $C(X_1, \cdots, X_n; \theta)$, *de la muestra aleatoria y de* θ, *cuya distribución no depende de* θ.

Ejemplo. Sea X una variable aleatoria tal que $X \sim N(\mu, \sigma)$ donde σ es conocida y se desa estimar μ.

Sea $X_1, \cdots, X_n$ una muestra aleatoria simple de X. Se sabe que

$$\overline{X} \sim N\left(\mu, \frac{\sigma}{\sqrt{n}}\right).$$

Tipificando la variable queda que

$$\frac{\overline{X} - \mu}{\frac{\sigma}{\sqrt{n}}} \sim N(0, 1).$$

Es decir, la cantidad pivotal $\dfrac{\overline{X} - \mu}{\frac{\sigma}{\sqrt{n}}}$ se distribuye según una $N(0, 1)$ que no depende de μ.

Método pivotal Para construir un intervalo con una confianza de $1 - \alpha$ para el parámetro desconocido θ seguimos los pasos siguientes:

1. Obtención de la distribución de la cantidad pivotal $C(X_1, \cdots, X_n; \theta)$.

2. Obtención de C_1 y C_2 tales que

$$P\left(C_1 < C(X_1, \cdots, X_n; \theta) < C_2\right) = 1 - \alpha$$

donde α es el nivel de significación.

3. Despejar θ de las desigualdades $C_1 < C(X_1, \cdots, X_n; \theta) < C_2$, hasta obtener

$$P\left(T_1(X_1, \cdots, X_n) < \theta < T_2(X_1, \cdots, X_n)\right) = 1 - \alpha$$

donde $T_1(X_1, \cdots, X_n)$ y $T_2(X_1, \cdots, X_n)$ son dos estadísticos.

Ejemplos

1. Construye un intervalo con una confianza de $1 - \alpha$ para la media de una distribución $N(\mu, \sigma)$ donde la varianza es conocida.

   Sea $X_1, \cdots, X_n$ una muestra aleatoria simple de X. Se sabe que

   $$\overline{X} \sim N\left(\mu, \frac{\sigma}{\sqrt{n}}\right).$$

   Tipificando la variable queda que

   $$\frac{\overline{X} - \mu}{\frac{\sigma}{\sqrt{n}}} \sim N(0, 1).$$

   Entonces,

   $$P\left(-z_{\frac{\alpha}{2}} < \frac{\overline{X} - \mu}{\frac{\sigma}{\sqrt{n}}} < z_{\frac{\alpha}{2}}\right) = 1 - \alpha$$

   donde $z_{\frac{\alpha}{2}}$ es el valor que verifica que

   $$P\left(Z > z_{\frac{\alpha}{2}}\right) = \frac{\alpha}{2}$$

   siendo $Z \sim N(0, 1)$.

El paso siguiente es despejar el parámetro desconocido μ

$$1 - \alpha = P\left(-z_{1-\frac{\alpha}{2}}\frac{\sigma}{\sqrt{n}} < \overline{X} - \mu < z_{1-\frac{\alpha}{2}}\frac{\sigma}{\sqrt{n}}\right) =$$

$$= P\left(-\overline{X} - z_{1-\frac{\alpha}{2}}\frac{\sigma}{\sqrt{n}} < -\mu < -\overline{X} + z_{1-\frac{\alpha}{2}}\frac{\sigma}{\sqrt{n}}\right) =$$

$$= P\left(\overline{X} - z_{1-\frac{\alpha}{2}}\frac{\sigma}{\sqrt{n}} < \mu < \overline{X} + z_{1-\frac{\alpha}{2}}\frac{\sigma}{\sqrt{n}}\right).$$

Con lo que los estadísticos que definen el intervalo con una confianza $1 - \alpha$ son

$$T_1(X_1, \cdots, X_n) = \overline{X} - z_{1-\frac{\alpha}{2}}\frac{\sigma}{\sqrt{n}},$$

$$T_2(X_1, \cdots, X_n) = \overline{X} + z_{1-\frac{\alpha}{2}}\frac{\sigma}{\sqrt{n}}.$$

Para una muestra particular $x_1, \cdots, x_n$ y un valor particular $\overline{x}$, el intervalo para μ con una confianza $1 - \alpha$ es

$$\left[\overline{x} - z_{1-\frac{\alpha}{2}}\frac{\sigma}{\sqrt{n}}, \overline{x} + z_{1-\frac{\alpha}{2}}\frac{\sigma}{\sqrt{n}}\right].$$

2. Se denomina error admisible en un intervalo de confianza a la diferencia entre el valor máximo y el valor mínimo del intervalo dividida entre dos.

Supongamos que se desea obtener una estimación de la media poblacional de una determinada característica que se distribuye según una normal de varianza conocida. Para averiguarlo, se utilizará un intervalo de confianza que cumpla que el error admisible no supere un cierto valor para un determinado nivel de confianza. Entonces, ¿cuál será el tamaño mínimo de la muestra que extraer de la población?

Para contestar a la pregunta anterior se utilizará un ejemplo numérico para una mejor comprensión.

Suponiendo que la edad de los turistas que optan por alojamientos rurales durante el periodo estival sigue una distribución normal de desviación típica $3,2$ años, el sector hostelero desea conocer la edad media de estos turistas. Para ello se toma una muestra de 64 individuos y se obtiene una media de $32,5$ años.

a) ¿Con qué nivel de confianza se puede afirmar que la media de la población está entre $31,5$ y $32,5$ años?

b) Si la desviación típica de la población fuera 3, ¿qué tamaño mínimo debería tener la muestra con la que estimamos la media poblacional si queremos que el nivel de confianza sea del 99 %, y el error admisible no supere el valor de $0,75$?

Solución

a) Dado un intervalo de confianza, el error admisible es la diferencia entre el extremo superior y el extremo inferior del intervalo dividida entre dos. En nuestro caso el intervalo de confianza es $[31,5; 32,5]$. Por lo que el error admisible es $\dfrac{32,5 - 31,5}{2} = 1$.

Por otra parte, el error admisible en una distribución normal de varianza conocida es

$$z_{1-\frac{\alpha}{2}} \frac{\sigma}{\sqrt{n}}.$$

Entonces,

$$z_{1-\frac{\alpha}{2}}\frac{3,2}{\sqrt{64}} = 1 \Rightarrow z_{1-\frac{\alpha}{2}} = \frac{8}{3,2} = 2,5.$$

Buscando el valor $2,5$ en la tabla de la normal tipificada, se obtiene el valor $0,9938$. Con lo que

$$1 - \frac{\alpha}{2} = 0,9938 \Rightarrow \alpha = 0,0124 \Rightarrow 1 - \alpha = 0,9876 = 98,76\,\%.$$

Es decir, el nivel de confianza es $98,76\,\%$.

b) En este caso tenemos que $\sigma = 3$, $\alpha = 0,01$, error admisible $<$ $0,75$. Con lo que $z_{1-\frac{\alpha}{2}} = z_{0,995} = 2,575$. En consecuencia,

$$2,575\,\frac{3}{\sqrt{n}} < 0,75 \Rightarrow n > \left(\frac{2,575 \cdot 3}{0,75}\right)^2 = 106,09 \Rightarrow n = 107.$$

Es decir, el tamaño de la muestra tiene que ser, por lo menos, de 107 personas.

3. Construye un intervalo con una confianza de $1 - \alpha$ para la media de una distribución $N(\mu, \sigma)$ donde la varianza es desconocida.

Sea $X_1, \cdots, X_n$ una muestra aleatoria simple de X. Se sabe que

$$\frac{\overline{X} - \mu}{\frac{S_n}{\sqrt{n-1}}} \sim t_{n-1}$$

donde $S_n = \sqrt{\sum_{j=1}^{n} \frac{(X_j - \overline{X})^2}{n}}.$

Aplicando el método pivotal, como se ha hecho en el caso anterior,

$$P\left(-t_{n-1;1-\frac{\alpha}{2}} < \frac{\overline{X}-\mu}{\frac{S_n}{\sqrt{n-1}}} < t_{n-1;1-\frac{\alpha}{2}}\right) = 1-\alpha$$

donde $t_{n-1;1-\frac{\alpha}{2}}$ es el valor que verifica que

$$P\left(T > t_{n-1;1-\frac{\alpha}{2}}\right) = \frac{\alpha}{2}$$

siendo $T \sim t_{n-1}$.

Procediendo de la misma manera que el caso anterior, y para una muestra particular, se obtiene el intervalo con una confianza de $1-\alpha$.

$$\left[\overline{x} - t_{n-1;1-\frac{\alpha}{2}}\frac{s_n}{\sqrt{n-1}}, \ \overline{x} + t_{n-1;1-\frac{\alpha}{2}}\frac{s_n}{\sqrt{n-1}}\right].$$

4. Construye un intervalo con una confianza de $1-\alpha$ para la proporción p de elementos de una población con una determinada característica por estudiar.

Sea $X_1, \cdots, X_n$ una muestra aleatoria simple de X. Para cada elemento de la población anotaremos un 1 si posee la característica que se está estudiando y anotaremos un 0 si no posee dicha característica.

Dado que para un tamaño de muestra (n) grande el estimador de p

$$\widehat{p} = \frac{X_1 + \cdots + X_n}{n}$$

se distribuye, aproximadamente,

$$N\left(p, \sqrt{\frac{p(1-p)}{n}}\right)$$

se utiliza el estadístico pivote

$$\frac{\widehat{p} - p}{\sqrt{\frac{\widehat{p}(1-\widehat{p})}{n}}} \sim N(0,1).$$

Entonces, aplicando el método pivotal

$$P\left(-z_{1-\frac{\alpha}{2}} < \frac{\widehat{p} - p}{\sqrt{\frac{\widehat{p}(1-\widehat{p})}{n}}} < z_{1-\frac{\alpha}{2}}\right) = 1 - \alpha.$$

Procediendo como en los dos casos anteriores, y para una muestra particular, se obtiene el intervalo con una confianza de $1 - \alpha$.

$$\left[\widehat{p} - z_{1-\frac{\alpha}{2}}\sqrt{\frac{\widehat{p}(1-\widehat{p})}{n}}, \widehat{p} + z_{1-\frac{\alpha}{2}}\sqrt{\frac{\widehat{p}(1-\widehat{p})}{n}}\right].$$

En el ejemplo 3 se ha hablado de un tamaño de muestra (n) grande, pero, a parte de que es una imprecisión, ¿qué ventaja o propiedad posee el hecho de ser el tamaño de la muestra grande? La respuesta está en el siguiente teorema.

Teorema 3.3.1 (Teorema central del límite) *Sea* $X_1, \cdots, X_n, \cdots$ *una sucesión de variables aleatorias independientes e idénticamente distribuidas con media (común)* μ *y varianza (común)* $\sigma^2 < \infty$. *Entonces, la distribución*

$$\frac{\frac{1}{n}\sum_{j=1}^{n} X_j - \mu}{\frac{\sigma}{\sqrt{n}}} = \frac{\overline{X} - \mu}{\frac{\sigma}{\sqrt{n}}} \sim N(0,1)$$

cuando $n \to \infty$.

Este teorema justifica la aproximación de la binomial por la normal que se vió en el tema anterior. También sirve para justificar la aplicación de las fórmulas deducidas en los ejemplos anteriores si las variables aleatorias no se distribuyen normalmente pero el tamaño de la muestra es grande.

A efectos prácticos se considera que la muestra tiene un tamaño grande cuando $n > 30$.

Intervalos para dos muestras

1. Diferencia de medias

   Sean $X_1, \cdots, X_n$ e $Y_1, \cdots, Y_m$ dos muestras aleatorias simples recogidas independientemente de dos poblaciones normales $X \sim N(\mu_X, \sigma_X)$ e $Y \sim N(\mu_Y, \sigma_Y)$, respectivamente y se desean construir intervalos con una confianza $1 - \alpha$ para la diferencia de medias.

   a) Las varianzas σ_X^2 y σ_Y^2 son conocidas.

   Como $\overline{X}$ e $\overline{Y}$ son independientes

   $$\overline{X} \sim N\left(\mu_X, \frac{\sigma_X}{\sqrt{n}}\right)$$

   $$\Rightarrow \ X - Y \sim N\left(\mu_X - \mu_Y, \sqrt{\frac{\sigma_X^2}{n} + \frac{\sigma_Y^2}{m}}\right)$$

   $$\overline{Y} \sim N\left(\mu_Y, \frac{\sigma_X}{\sqrt{m}}\right)$$

   Entonces,

   $$\frac{(\overline{X} - \overline{Y}) - (\mu_X - \mu_Y)}{\sqrt{\dfrac{\sigma_X^2}{n} + \dfrac{\sigma_Y^2}{m}}} \sim N(0, 1).$$

En consecuencia, aplicando el método pivotal, el intervalo con confianza $1 - \alpha$ para la diferencia de medias viene dado por

$$\left[\overline{x} - \overline{y} - z_{1-\frac{\alpha}{2}} \sqrt{\frac{\sigma_X^2}{n} + \frac{\sigma_Y^2}{m}} \, , \, \overline{x} - \overline{y} + z_{1-\frac{\alpha}{2}} \sqrt{\frac{\sigma_X^2}{n} + \frac{\sigma_Y^2}{m}} \right].$$

b) Las varianzas σ_X^2 y σ_Y^2 son desconocidas.

El intervalo para la diferencia de medias con confianza $1 - \alpha$ viene dado por

$$\left[\overline{x} - \overline{y} - T(m, n, \alpha) \, , \, \overline{x} - \overline{y} + T(m, n, \alpha) \right]$$

donde

$$T(m, n, \alpha) = t_{n+m-2, 1-\frac{\alpha}{2}} \sqrt{\frac{n s_x^2 + m s_y^2}{n + m - 2}} \sqrt{\frac{1}{n} + \frac{1}{m}}.$$

2. Diferencia de dos proporciones

Sean dos muestras aleatorias simples $X_1, \cdots, X_n$ e $Y_1, \cdots, Y_m$ de las variables aleatorias X e Y, respectivamente.

Sean

$$X_j = \begin{cases} 1 & \text{con probabilidad } p_X \\ 0 & \text{con probabilidad } q_X = 1 - p_X \end{cases}$$

$$Y_j = \begin{cases} 1 & \text{con probabilidad } p_Y \\ 0 & \text{con probabilidad } q_Y = 1 - p_Y \end{cases}$$

Entonces,

$$\frac{\widehat{p}_X - p_X}{\sqrt{\frac{p_X(1-p_X)}{n}}} \sim N(0, 1),$$

$$\frac{\widehat{p}_Y - p_Y}{\sqrt{\frac{p_Y(1-p_Y)}{m}}} \sim N(0, 1).$$

Con lo que

$$\widehat{p}_X - \widehat{p}_Y \sim N\left(p_x - p_y, \sqrt{\frac{p_X\left(1 - p_X\right)}{n} + \frac{p_Y\left(1 - p_Y\right)}{m}}\right).$$

Mediante razonamientos análogos a los seguidos anteriormente se obtiene el intervalo con confianza $1 - \alpha$

$$\left[\widehat{p}_X - \widehat{p}_Y - T_p(m, n, \alpha) \ , \ \widehat{p}_X - \widehat{p}_Y + T_p(m, n, \alpha)\right]$$

con

$$T_p(m, n, \alpha) = z_{1 - \frac{\alpha}{2}}\sqrt{\frac{\widehat{p}_X\left(1 - \widehat{p}_X\right)}{n} + \frac{\widehat{p}_Y\left(1 - \widehat{p}_Y\right)}{m}}.$$

3.3.1. Resumen de fórmulas de intervalos de confianza

Intervalos con una confianza de $1 - \alpha$.

Media de una distribución normal donde la varianza es conocida

$$\left[\overline{x} - z_{1 - \frac{\alpha}{2}}\frac{\sigma}{\sqrt{n}} \ , \ \overline{x} + z_{1 - \frac{\alpha}{2}}\frac{\sigma}{\sqrt{n}}\right].$$

Media de una distribución normal donde la varianza es desconocida

$$\left[\overline{x} - t_{n-1;1 - \frac{\alpha}{2}}\frac{s_n}{\sqrt{n - 1}} \ , \ \overline{x} + t_{n-1;1 - \frac{\alpha}{2}}\frac{s_n}{\sqrt{n - 1}}\right].$$

Proporción

$$\left[\widehat{p} - z_{1 - \frac{\alpha}{2}}\sqrt{\frac{\widehat{p}(1 - \widehat{p})}{n}} \ , \ \widehat{p} + z_{1 - \frac{\alpha}{2}}\sqrt{\frac{\widehat{p}(1 - \widehat{p})}{n}}\right].$$

Media de la diferencia de dos distribuciones normales donde la varianza es conocida

$$\left[\overline{x} - \overline{y} - z_{1-\frac{\alpha}{2}} \sqrt{\frac{\sigma_X^2}{n} + \frac{\sigma_Y^2}{m}} \, , \, \overline{x} - \overline{y} + z_{1-\frac{\alpha}{2}} \sqrt{\frac{\sigma_X^2}{n} + \frac{\sigma_Y^2}{m}} \right].$$

Media de la diferencia de dos distribuciones normales donde la varianza es desconocida

$$\left[\overline{x} - \overline{y} - T(m,n,\alpha) \, , \, \overline{x} - \overline{y} + T(m,n,\alpha) \right]$$

donde

$$T(m,n,\alpha) = t_{n+m-2,1-\frac{\alpha}{2}} \sqrt{\frac{ns_x^2 + ms_y^2}{n+m-2}} \sqrt{\frac{1}{n} + \frac{1}{m}}.$$

Diferencia de dos proporciones

$$\left[\widehat{p}_X - \widehat{p}_Y - T_p(m,n,\alpha) \, , \, \widehat{p}_X - \widehat{p}_Y + T_p(m,n,\alpha) \right]$$

con

$$T_p(m,n,\alpha) = z_{1-\frac{\alpha}{2}} \sqrt{\frac{\widehat{p}_X (1 - \widehat{p}_X)}{n} + \frac{\widehat{p}_Y (1 - \widehat{p}_Y)}{m}}.$$

3.3.2. Datos apareados

Se dice que las muestras están apareadas o correlacionadas cuando se sabe de antemano que una observación está relacionada con la otra. Pueden ser:

- Observaciones tomadas al mismo tiempo.

- Medidas tomadas en el mismo individuo o unidad en dos tiempos distintos.

Para construir un intervalo de confianza para la media de datos apareados, se efectúa la diferencia de las dos observaciones y se procede como si se tratara de una sola observación.

Ejemplo. Una empresa de software está investigando la utilidad de dos lenguajes de programación diferentes para mejorar la rapidez en la programación. A doce programadores, familiarizados con ambos lenguajes, se les pide que programen un cierto algoritmo en ambos lenguajes, y se anotan los tiempos que tardan, en minutos, en la tabla siguiente:

	Programadores											
	1	2	3	4	5	6	7	8	9	10	11	12
Lenguaje 1	17	16	21	14	18	24	16	14	21	23	13	18
Lenguaje 2	18	14	19	11	23	21	10	13	19	24	15	20

- Determina un intervalo de confianza al 95 % para la diferencia de medias en el tiempo de programación.

- ¿Puede considerarse que uno de los dos lenguajes de progamación es preferible al otro?

Solución. Como los individuos de la muestra son los mismos pero en lenguajes diferentes, se trata de datos apareados.

Para proceder a su análisis, se efectúa la diferencia de tiempos de cada programador.

	Programadores											
	1	2	3	4	5	6	7	8	9	10	11	12
Lenguaje 1	17	16	21	14	18	24	16	14	21	23	13	18
Lenguaje 2	18	14	19	11	23	21	10	13	19	24	15	20
Diferencia	−1	2	2	3	−5	3	6	1	2	−1	−2	−2

A continuación se calcula la media y desviación típica muestral de las diferencias.

$$\overline{x} = \frac{2}{3}, \quad s = 2,8382.$$

Suponiendo que los datos se distribuyen según una normal, se pasa a determinar el intervalo para la diferencia de medias con una confianza del 95 %.

El intervalo de confianza vendrá dado por

$$\left[\overline{x} - t_{n-1,1-\frac{\alpha}{2}} \frac{s}{\sqrt{n-1}} \, , \, \overline{x} + t_{n-1,1-\frac{\alpha}{2}} \frac{s}{\sqrt{n-1}} \right].$$

Buscando en la tabla de la t de Student el valor del estadístico

$$t_{11;0,975} = 2,201$$

y operando se obtiene el intervalo siguiente:

$$[-1,2168; 2,5502].$$

Como $0 \in [-1,2168; 2,5502]$ concluimos que, para una confianza del 95 %, ninguno de los dos lenguajes de programación posee ventajas sobre el otro en cuanto a la rapidez en la implementación de algoritmos.

3.4. Contrastes de hipótesis

Un contrate de hipótesis es una técnica para estimar si una característica que se piensa que está presente en una población estadística es concordante con lo observado en una muestra de dicha población. Esta prueba fue ideada por Ronald Fisher y fundamentada, posteriormente, por Jerzy Neyman y Egon Pearson.

Antes de proseguir, consideramos de utilidad hacer dos incisos aclaratorios. El primer inciso:[1]

Los contrastes de hipótesis especifican siempre una posibilidad, denominada hipótesis nula, denotada por H_0, que es aquella en que el investigador está dispuesto a creer a priori. Es preciso especificar asimismo una hipótesis alternativa, denotada por H_1, aquella que pasará a aceptar si rechaza la hipótesis nula. La idea previa a la contrastación estadística de hipótesis es que existen razones para creer que la hipótesis nula pueda ser cierta: es aquel suceso que parece más posible a priori el que debe definir la hipótesis nula. Por otra parte, la hipótesis alternativa debe estar definida por aquellos sucesos, incompatibles con los que definen la hipótesis nula, que tienen probabilidad positiva. Un suceso de probabilidad nula no debe estar incluido ni en la hipótesis nula ni en la hipótesis alternativa.

De este modo, la pregunta que un investigador debe hacerse cuando lleva a cabo un contraste de hipótesis, es acerca de si se encuentra suficiente evidencia en la muestra en contra de la hipótesis nula, como para rechazarla. Como la hipótesis nula refleja una creencia a priori, sólo la rechazaremos en favor de la hipótesis alternativa si existe suficiente evidencia en su contra. Hay que insistir, por tanto, en que sólo deben contrastarse hipótesis nulas en las que el investigador está dispuesto a creer, y acerca de las cuales tiene fundada creencia a priori. La contrastación de hipótesis no es algo que deba hacerse mecánica ni sistemáticamente. Sería absurdo plantearse en una aplicación empírica

---

[1]Página 1, párrafos 3 y 4 de `https://www.ucm.es/data/cont/docs/518-2013-11-13-tests.pdf`

un número elevado de contrastes de hipótesis, con objeto de ver cuáles se rechazan y cuáles no.

El segundo inciso:[2]

Es habitual convertir el $p-$valor en una significación equivalente σ, utilizando para ello la distribución acumulativa de la distribución de Gauss normalizada. Los experimentos en física de partículas vienen usando desde los años 1990 un criterio mínimo de 5σ, correspondiente a un $p-$valor de $2,87\cdot10^{-7}$, para excluir conclusivamente una hipótesis nula. Sólo en ese caso se habla de observación o descubrimiento. El criterio es de unas 3σ, con un $p-$valor de $1,35\cdot10^{-3}$, para evidencia.

Para la aplicación de esta técnica se consideran una hipótesis determinada y una hipótesis alternativa, y, tras aplicar esta técnica a un cierto número de experimentos e interpretar los resultados, se intenta dirimir cuál de las dos hipótesis se escogerá.

Fijada la probabilidad de cometer un error, la aplicación de cálculos probabilísticos permite determinar a partir de qué valor no debemos aceptar la hipótesis.

Las hipótesis pueden clasificarse en dos grupos, según:

1. Especifiquen un valor concreto o un intervalo para los parámetros del modelo.

   Ejemplo: hipótesis de que la media de una variable es 10.

2. Determinen el tipo de distribución de probabilidad que ha generado los datos.

[2]Página 6, sección Significación estadística y descubrimiento de «Estadística en física de partículas su papel en el descubrimiento del bosón de Higgs». Autor: Fernando Vidal Martínez. Revista: *Mètode*, 5. DOI: 10.7203/metode.83.4081.

Ejemplo: la hipótesis de que la distribución de probabilidad es la distribución normal.

En este trabajo nos vamos a centrar únicamente en el primer grupo de esta clasificación.

Tipos de contrastes de hipótesis

- Contrastes de bondad de ajuste

  La finalidad es comprobar una hipótesis sobre la forma de la distribución de la población.

  Ejemplo: Verificar si los delitos cometidos en un cierto distrito de una gran ciudad siguen una distribución normal.

- Contrastes de conformidad

  El propósito es comprobar una hipótesis sobre alguno de los parámetros de la población.

  Ejemplo: Comprobar si las agresiones sexuales a las mujeres en un barrio humilde de una gran ciudad superan el 12 % de la cantidad de delitos cometidos.

- Contrastes de homogeneidad

  La intención es comparar dos poblaciones con respecto a alguno de sus parámetros.

Ejemplo: Constatar si el porcentaje de las agresiones sexuales a las mujeres, respecto a la cantidad de delitos cometidos en una determinada ciudad, es igual al de otra ciudad de características similares.

- Contrastes de independencia

El objetivo es comprobar si existe relación entre dos variables de la población.

Ejemplo: Contrastar si las agresiones sexuales a las mujeres de una determinada ciudad están relacionadas con el nivel educativo de la sociedad.

3.4.1. Planteamiento del contraste de hipótesis

La hipótesis que se desea contrastar se denomina hipótesis nula (H_0). Es la hipótesis que mantendremos como asumible a no ser que el estudio de la muestra nos indique su falsedad con un cierto porcentaje de error. A la otra hipótesis se le denomina hipótesis alternativa (H_1).

A partir de una muestra de la población en estudio, se extrae un estadístico (un valor que es función de la muestra) cuya distribución de probabilidad esté relacionada con la hipótesis en estudio y sea conocida. Se toma entonces como región de rechazo al conjunto de valores que es más improbable bajo la hipótesis, esto es, el conjunto de valores para el que no aceptaremos la hipótesis nula si el valor del estadístico observado entra dentro de él.

Errores tipo I y tipo II

En una investigación, el error tipo I, también denominado error de tipo α o falso positivo, es el error que comete la persona investigadora cuando no acepta la hipótesis nula (H_0) cuando en la población está hipótesis es cierta. El error tipo II, también llamado error de tipo β o falso negativo, es el error que se comete cuando la persona investigadora asume como cierta la hipótesis nula (H_0) cuando en la población esta hipótesis es falsa.

El error tipo I es la probabilidad (α) de escoger H_1 cuando es cierta H_0, es decir $P\,(\text{escoger } H_1/H_0 \text{ es cierta}) = \alpha$.

El error tipo II es la probabilidad (β) de escoger H_0 cuando no es cierta H_0, es decir $P\,(\text{escoger } H_0/H_0 \text{ no es cierta}) = \beta$.

Se denomina potencia del contraste a la probabilidad de escoger H_1 cuando esta es cierta, es decir $P\,(\text{escoger } H_1/H_1 \text{ es cierta}) = 1 - \beta$.

En el diseño de los contrastes es deseable que las probabilidades de ambos tipo de error sean tan pequeñas como sea posible. Pero, con una muestra de tamaño prefijado, disminuir la probabilidad del error tipo I conlleva a incrementar la probabilidad del error tipo II.

La forma de aumentar la potencia del contraste, es decir disminuir el error tipo II, es aumentar el tamaño de la muestra. Esta posibilidad no siempre es realizable por diversos factores: incremento de costos del estudio, dificultad en obtener las muestras...

Usualmente se diseñan los contrastes para que el error tipo I sea del 5 %. Aunque también los hay diseñados para valores inferiores a este.

Elección de las hipótesis nula y alternativa

Para explicar este subapartado utilizamos el símil de un juicio en el que el juez debe decidir si el acusado es culpable o inocente, la elección de hipótesis debe ser:

$$H_0 : \text{El acusado es inocente}$$

$$H_1 : \text{El acusado es culpable}$$

ya que la inocencia se presupone, mientras que la culpabilidad hay que demostrarla.

En consecuencia, el juez sólo sentenciará al acusado como culpable cuando haya pruebas sólidas de su culpabilidad. Estadísticamente hablando, no se acepta la hipótesis nula cuando la probabilidad de ser verdadera no se encuentra dentro de un rango predeterminado con anterioridad.

Siguiendo con el símil de un juicio, el investigador desempeña el papel del fiscal, ya que su objetivo consiste en intentar rechazar la hipótesis nula, es decir, demostrar la culpabilidad del acusado.

Contrastes de hipótesis paramétricos

En muchos contrastes, sobre todo en las pruebas de conformidad y de homogeneidad, las hipótesis se formulan sobre parámetros desconocidos de la población como pueden ser una media, una varianza o una proporción.

En tal caso, la hipótesis nula siempre asigna al parámetro un valor concreto, mientras que la alternativa suele ser una hipótesis abierta que, aunque opuesta a la hipótesis nula, no fija el valor del parámetro.

Esto da lugar a tres tipos de contrastes:

Bilateral   Unilateral menor   Unilateral mayor

$$\text{Media} \begin{cases} H_0 : \mu = \mu_0 \qquad H_0 : \mu = \mu_0 \qquad\quad H_0 : \mu = \mu_0 \\ \\ H_1 : \mu \neq \mu_0 \qquad H_1 : \mu < \mu_0 \qquad\quad H_1 : \mu > \mu_0 \end{cases}$$

$$\text{Proporción} \begin{cases} H_0 : p = p_0 \qquad H_0 : p = p_0 \qquad\quad H_0 : p = p_0 \\ \\ H_1 : p \neq p_0 \qquad H_1 : p < p_0 \qquad\quad H_1 : p > p_0 \end{cases}$$

Elección del tipo de contraste

Este apartado lo vamos a exponer mediante un ejemplo.

Supongamos que un cliente de un casino denuncia al establecimiento porque sospecha que uno de los dados de una de las mesas está cargado para que la cara que tiene el número 6 tenga más probabilidad de salir que el resto de caras.

El juez, para poder emitir un veredicto, dictamina que una persona egresada en Criminología efectúe las comprobaciones necesarias para que, asumiendo un determinado error, refute o corrobore las sospechas del cliente.

1. Las sospechas se refieren al porcentaje o la proporción de veces que sale la cara del número 6, por lo que se trata de un contraste paramétrico.

2. El objetivo es averiguar el valor de p, por lo que se trata de una prueba de conformidad. En la hipótesis nula el valor de p se fijará en $0,1667$,

ya que, de acuerdo con las leyes de la probabilidad, cualquiera de las seis caras del dado debería tener la misma probabilidad de salir. Es decir, $p = \frac{1}{6} \approx 0,1667$.

3. El cliente tiene sospechas de que el porcentaje de veces que aparece la cara del número 6 es mayor que las restantes, por lo que la hipótesis alternativa será de mayor.

Entonces, el contraste que debe plantaerse es:

$$H_0 : p = 0,1667$$
$$H_1 : p > 0,1667.$$

Estadístico del contraste

La aceptación o rechazo de la hipótesis nula (H_0) depende de lo observado en la muestra. De ahí la importancia de la selección de la muestra.

Para tomar una decisión se necesita el valor que tome algún estadístico de la muestra relacionado con el parámetro que se está contrastando. Este estadístico debe tener una distribución de probabilidad conocida suponiendo cierta la hipótesis nula y fijado el tamaño de la muestra. Este estadístico recibe el nombre de estadístico del contraste.

Para cada muestra, el estadístico dará una estimación a partir de la cual se tomará la decisión: si la estimación difiere demasiado del valor esperado bajo la hipótesis H_0, entonces se rechazará, y en caso contrario no se rechazará.

El criterio de decisión es el de mantener como aceptable la hipótesis nula a no ser que en la muestra haya pruebas contundentes que evidencien su no sostenibilidad.

Veámoslo con el ejemplo anterior del contraste sobre el dado cargado:

$$H_0 : p = 0, 1667$$
$$H_1 : p > 0, 1667.$$

Para decidir sobre el contraste, la persona egresada en criminología, efectúa diez lanzamientos del dado.

Suponiendo cierta la hipótesis nula, el estadístico de contraste se distribuirá según una $Bi(10; 0, 1667)$. Por lo que el número esperado de veces que saldrá la cara del número 6 será de, aproximadamente, dos veces $(10 \cdot 0, 1667 = 1, 667 \approx 2)$.

Con lo que, si en los diez lanzamientos del dado ha salido la cara del número 6 entre una y dos veces, parece lógico no rechazar la hipótesis nula. Es decir, se debería concluir que el dado es correcto. Pero ¿cuál es el umbral a partir del cual no se debe rechazar o no aceptar la hipótesis nula?

Regiones de aceptación y de rechazo

Una vez elegido el estadístico del contraste, lo siguiente es decidir para qué valores de este estadístico se decidirá no rechazar la hipótesis nula y para cuáles de estos valores no se aceptará. Esto divide del conjunto de valores posibles del estadístico en dos regiones:

- Región de aceptación

Es el conjunto de valores del estadístico del contraste a partir de los cuales se decidirá no rechazar la hipótesis nula.

- Región de rechazo

Es el conjunto de valores del estadístico del contraste a partir de los cuales se decidirá no aceptar la hipótesis nula.

Dependiendo de la dirección del contraste, la región de rechazo quedará a un lado u otro del valor esperado del estadístico del contraste según la hipótesis nula:

1. Contraste bilateral

$$\text{Media} \begin{cases} H_0 : \mu = \mu_0 \\ \\ H_1 : \mu \neq \mu_0 \end{cases}$$

$$\text{Proporción} \begin{cases} H_0 : p = p_0 \\ \\ H_0 : p \neq p_0 \end{cases}$$

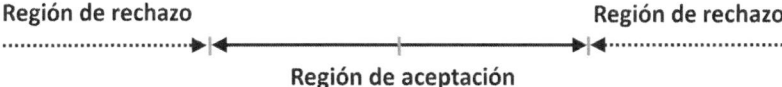

Región de rechazo   **Región de rechazo**

Región de aceptación

Figura 3.1: Contraste bilateral

2. Contraste unilateral menor

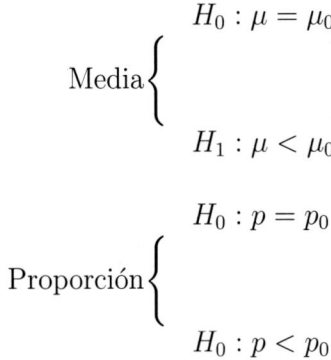

$$\text{Media} \begin{cases} H_0 : \mu = \mu_0 \\ \\ H_1 : \mu < \mu_0 \end{cases}$$

$$\text{Proporción} \begin{cases} H_0 : p = p_0 \\ \\ H_0 : p < p_0 \end{cases}$$

Región de rechazo

Región de aceptación

Figura 3.2: Contraste unilateral menor

3. Contraste unilateral mayor

$$\text{Media} \begin{cases} H_0 : \mu = \mu_0 \\ \\ H_1 : \mu > \mu_0 \end{cases}$$

$$\text{Proporción} \begin{cases} H_0 : p = p_0 \\ \\ H_0 : p > p_0 \end{cases}$$

Siguiendo con el ejemplo expuesto,

$$H_0 : p = 0,1667$$
$$H_1 : p > 0,1667.$$

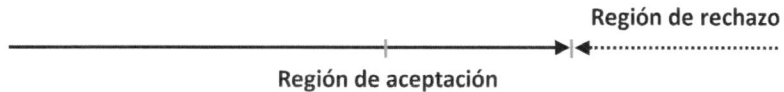

Figura 3.3: Contraste unilateral mayor

Como el estadístico de contraste tiene una distribución $Bi(10; 0, 1667)$ y suponiendo cierta la hipótesis nula (H_0), su recorrido será de 0 a 10 con un valor esperado entre 1 y 2, por lo que, al tratarse de un contraste unilateral mayor, la región de rechazo estará por encima del 2. Pero ¿dónde?

Determinación de las regiones de aceptación y de rechazo en función del riesgo del error tipo I

Una vez fijado el riesgo α que se está dispuesto a asumir, es posible delimitar las regiones de aceptación y de rechazo para el estadístico del contraste de manera que la probabilidad acumulada en la región de rechazo sea α, suponiendo cierta la hipótesis nula.

Siguiendo con el ejemplo expuesto,

$$H_0 : p = 0, 1667$$
$$H_1 : p > 0, 1667.$$

Teniendo en cuenta que $X \sim Bi(10; 0, 1667)$ y si suponemos que el riesgo máximo de error de tipo I que se está dispuesto a tolerar es $\alpha = 0, 05$, ¿qué valores del estadístico permitirán rechazar la hipótesis nula?

$$P(X \geq 4) = 0, 0698 > 0, 05, \quad P(X \geq 5) = 0, 0155 < 0, 05.$$

Entonces, si al lanzar el dado diez veces sale la cara del número 6 cinco veces o más, no se aceptará la hipótesis nula. En caso contrario no se rechazará la hipótesis nula. Es decir, si al lanzar el dado diez veces, cinco o más veces sale la cara del 6, se concluirá que el dado está cargado hacia la cara del número 6. En caso contrario, el dado está equilibrado.

Riesgo del error tipo II y tamaño del efecto

Aunque el error de tipo II pueda parecer menos grave, también interesa que el riesgo β sea bajo, ya que de lo contrario será difícil rechazar la hipótesis nula (que es lo que se persigue la mayoría de las veces), aunque haya pruebas muy claras de su falsedad.

El problema, en el caso de contrastes paramétricos, es que la hipótesis alternativa es una hipótesis abierta en la que no se fija el valor del parámetro por contrastar, de modo que, para poder calcular el riesgo β es necesario fijar dicho valor.

Lo normal es fijar el valor del parámetro del contraste a la mínima cantidad para admitir diferencias significativas desde un punto de vista práctico o clínico. Esa mínima diferencia que se considera en la práctica significativa se conoce como tamaño del efecto y se representa por δ.

Potencia de un contraste

Puesto que el objetivo del investigador suele ser rechazar la hipótesis nula, a menudo, lo más interesante de un contraste es su capacidad para detectar la falsedad de la hipótesis nula cuando realmente hay diferencias mayores que δ entre el verdadero valor del parámetro y el que establece la hipótesis nula. Es decir, la potencia de un contraste es la probabilidad de rechazar la hipótesis nula cuando es falsa.

La potencia de un contraste se define de la forma siguiente:

$$\text{Potencia} = P\left(\text{Rechazar}H_0/H_1\right) = 1 - P\left(\text{Aceptar}H_0/H_1\right) = 1 - \beta.$$

A la vista de la definición de potencia, se puede concluir que, en un contraste, interesa que tenga una potencia próxima a 1, ya que así el riesgo β estará próximo a 0.

Veamos con el ejemplo que estamos trabajando el cálculo del riesgo β y la potencia del contraste.

$$H_0 : p = 0,1667$$
$$H_1 : p > 0,1667.$$

Consideremos un tamaño del efecto $\delta = 0,05$. Entonces, la hipótesis alternativa será

$$H_1 : p = 0,1667 + 0,05 = 0,2167.$$

Con lo que, suponiendo cierta esta hipótesis, el estadístico de contraste seguirá una distribución binomial $X \sim Bi(10; 0,2167)$.

En consecuencia,

$$\beta = P\left(\text{Aceptar}H_0/H_1\right) = P(X < 5) = 0,9549.$$

$$\text{Potencia} = 1 - \beta = 0,0451.$$

La conclusión es que no se trata de un buen contraste. Entonces, ¿dónde radica el problema para que no sea un buen contraste? ¿Se puede hacer alguna cosa para mejorarlo?

Las respuestas a estas preguntas las encontramos en el subapartado siguiente.

Relación de los riesgos de error y el tamaño muestral

Los riesgos de error dependen del tamaño de la muestra, ya que al aumentar el tamaño de la muestra, la dispersión del estadístico del contraste disminuye y con ello también lo hacen los riesgos de error.

Continuemos con el ejemplo considerado para verificar lo expuesto en el párrafo anterior. Pero ahora, la persona egresada en criminología, efectúa cien lanzamientos del dado. Con lo que, el tamaño de la muestra es ahora de 100.

Entonces, suponiendo cierta la hipótesis nula, el estadístico de contraste se distribuirá según una binomial $X \sim Bi(100; 0,1667)$. Con lo que, la región de rechazo será $X \geq 24$, ya que

$$P(X \geq 23) = 0,0632 > 0,05, \quad P(X \geq 24) = 0,0374 < 0,05.$$

Suponiendo, igual que cuando el tamaño de la muestra era de diez, que el tamaño del efecto es $\delta = 0,05$, la hipótesis alternativa será

$$H_1 : p = 0,1667 + 0,05 = 0,2167.$$

Con lo que, suponiendo cierta la hipótesis alternativa, el estadístico de contraste seguirá una distribución binomial $X \sim Bi(100; 0, 2167)$.

En consecuencia,

$$\beta = P\left(\text{Aceptar} H_0/H_1\right) = P(X < 24) = 0,6781.$$

$$\text{Potencia} = 1 - \beta = 0,3219.$$

Como se puede observar, la potencia del contraste ha mejorado sensiblemente al aumentar el tamaño de la muestra.

p-valor

El p-valor es la probabilidad de que un resultado sea correcto asumiendo que la hipótesis nula es cierta. En otras palabras, el p-valor ayuda a discernir entre resultados que son debidos al azar del muestreo de los resultados que son estadísticamente significativos.

Entonces, si el p-valor es mayor que α (nivel de significación), no se debe rechazar la hipótesis nula (H_0). En caso contrario, si el p-valor es menor que α (nivel de significación), no se debe aceptar la hipótesis nula (H_0).

$$\text{p} - \text{valor} = P\left(\text{Rechazar el estadístico de la muestra}/H_0 \text{ verdadera}\right).$$

H_0	H_1	Región de rechazo
$\mu = \mu_0$	$\mu < \mu_0$	$\dfrac{\overline{x} - \mu_0}{\frac{\sigma}{\sqrt{n}}} < -z_{1-\alpha}$
$\mu = \mu_0$	$\mu > \mu_0$	$\dfrac{\overline{x} - \mu_0}{\frac{\sigma}{\sqrt{n}}} > z_{1-\alpha}$
$\mu = \mu_0$	$\mu \neq \mu_0$	$\dfrac{|\overline{x} - \mu_0|}{\frac{\sigma}{\sqrt{n}}} > z_{1-\frac{\alpha}{2}}$

3.5. Contrastes para la media de una población normal

3.5.1. Contrastes para la media de una población normal con la varianza poblacional conocida

Ejemplo.   Un banco quiere analizar si las comisiones que cobra a sus clientes por operaciones en el mercado bursátil difieren significativamente de las que cobra la competencia, cuya media es de 12 euros mensuales con una desviación típica de 4, 3 euros.

Este banco toma una muestra de 64 operaciones bursátiles y observa que la comisión promedio es de 13, 6 euros.

Determina, con un nivel de significación del 5 %, si este banco difiere significativamente en el cobro de comisiones por operaciones en la Bolsa con respecto a la competencia.

Solución. Al ser $n = 64 > 30$ y teniendo en cuenta el teorema central del límite, se puede suponer que los datos proceden de una distribución normal.

El contraste de hipótesis es

$$H_0 : \mu = 12$$
$$H_1 : \mu \neq 12.$$

El estadístico de contraste viene dado por:

$$\frac{|\overline{x} - \mu|}{\frac{\sigma}{\sqrt{n}}} = \frac{13,6 - 12}{\frac{4,3}{8}} \approx 2,9767.$$

Por otra parte, $z_{1-\frac{\alpha}{2}} = z_{0,975} = 1,96$.

Entonces, como $2,9767 > 1,96$ no se debe aceptar la hipótesis nula. Con lo que, las comisiones que obtiene el banco difieren significativamente de las de la competencia con una confianza del 95 %.

Calculando el p-valor se llega a la misma conclusión.

$$P(z > 2,9767) = 1 - 0,9986 = 0,0014, \text{ donde } z \sim N(0,1).$$

Con lo que,

$$\text{p-valor} = 2 \cdot 0,0014 = 0,0028 < 0,05.$$

En consecuencia, no se debe aceptar la hipótesis nula.

3.5.2. Contrastes para la media de una población normal con la varianza poblacional desconocida

Ejemplo. Una empresa que fabrica neumáticos afirma que la duración promedio de un tipo de neumáticos es de al menos 28.000 km. Para corroborarlo o refutarlo una asociación de transportistas efectúa pruebas con 64 neumáticos

H_0	H_1	Región de rechazo
$\mu = \mu_0$	$\mu < \mu_0$	$\dfrac{\overline{x} - \mu_0}{\frac{s}{\sqrt{n-1}}} < -t_{n-1,1-\alpha}$
$\mu = \mu_0$	$\mu > \mu_0$	$\dfrac{\overline{x} - \mu_0}{\frac{s}{\sqrt{n-1}}} > t_{n-1,1-\alpha}$
$\mu = \mu_0$	$\mu \neq \mu_0$	$\dfrac{|\overline{x} - \mu_0|}{\frac{s}{\sqrt{n-1}}} > t_{n-1,1-\frac{\alpha}{2}}$

de ese tipo y los resultados reflejan que la duración media es de 27.800 km con una desviación típica de 1.000 km.

Determina:

a) Si hay evidencia suficiente para rechazar la afirmación de la empresa, a un nivel de significación del 5 %.

b) El p-valor.

Solución. Al ser $n = 64 > 30$ y teniendo en cuenta el teorema central del límite, se puede suponer que los datos proceden de una distribución normal.

El contraste de hipótesis es

$$H_0 : \mu = 28{,}000$$
$$H_1 : \mu < 28{,}000.$$

a) El estadístico de contraste viene dado por:

$$\frac{\overline{x} - \mu_0}{\frac{s}{\sqrt{n-1}}} = \frac{27{,}800 - 28{,}000}{\frac{1{,}000}{\sqrt{63}}} \approx -1{,}5875.$$

En este caso, $t_{63;0,95} \approx -1,671$. Entonces, como $-1,5875 > -1,671$, no se puede rechazar la hipótesis nula. Es decir, se corrobora la afirmación de la empresa.

b) Como

$$\text{p-valor} = P(z < -1,5875) = 0,0562 > 0,05 = \alpha, \text{ con } z \sim N(0,1),$$

entonces no se puede rechazar la hipótesis nula.

3.6. Contrastes para comparar las medias de dos poblaciones normales con varianzas poblacionales conocidas

H_0	H_1	Región de rechazo
$\mu_x - \mu_y$	$\mu_x < \mu_y$	$\dfrac{\overline{x} - \overline{y}}{\sqrt{\dfrac{\sigma_x^2}{n_x} + \dfrac{\sigma_y^2}{n_y}}} < -z_{1-\alpha}$
$\mu_x = \mu_y$	$\mu_x > \mu_y$	$\dfrac{\overline{x} - \overline{y}}{\sqrt{\dfrac{\sigma_x^2}{n_x} + \dfrac{\sigma_y^2}{n_y}}} > z_{1-\alpha}$
$\mu_x = \mu_y$	$\mu_x \neq \mu_y$	$\dfrac{|\overline{x} - \overline{y}|}{\sqrt{\dfrac{\sigma_x^2}{n_x} + \dfrac{\sigma_y^2}{n_y}}} > z_{1-\frac{\alpha}{2}}$

Ejemplo. Un supermercado tiene dos formas diferentes de venta: tradicional o con caja rápida. En la tradicional, un operario registra cada artículo, lo pone en bolsas y efectúa el cobro. En la caja rápida, el cliente registra cada artículo, lo introduce en bolsas y paga en una máquina con tarjeta de crédito.

La dirección del supermercado desea saber si el tiempo medio que un cliente se encuentra en la fila del proceso con el método tradicional es mayor que con la caja rápida, teniendo en cuenta que seleccionadas dos muestras, una para la fila por el proceso tradicional $n_x = 49$, $\overline{x} = 6,1$ minutos y otra para la fila por el proceso de caja rápida $n_y = 72$, $\overline{y} = 5,6$ minutos, sabiendo que las desviaciones típicas poblacionales son $\sigma_x = 0,7$ minutos y $\sigma_y = 0,6$ minutos.

Con un nivel de confianza del 99 %, ¿qué decisión debería adoptar el supermercado para agilizar las ventas?

Solución. Al ser $n_x > 30$ y $n_y > 30$ y teniendo en cuenta el teorema central del límite, supondremos que las muestras provienen de dos poblaciones normales.

El contraste de hipótesis es

$$H_0 : \mu_x = \mu_y$$
$$H_1 : \mu_x > \mu_y.$$

El estadístico de contraste es

$$\frac{\overline{x} - \overline{y}}{\sqrt{\dfrac{\sigma_x^2}{n_x} + \dfrac{\sigma_y^2}{n_y}}} = \frac{6,1 - 5,6}{\sqrt{\dfrac{0'49}{49} + \dfrac{0,36}{72}}} \approx 4,0825.$$

Como $z_{0,99} = 2,325 < 4,0825$ se debe rechazar la hipótesis nula. Es decir, el supermercado tendría que implantar la caja rápida.

Otra forma de concretar la decisión es mediante el uso del p-valor. En este caso

$$\text{p-valor} = P(z > 4,0825) = 2,23 \cdot 10^{-5} < 0,01.$$

Con lo que se debe rechazar la hipótesis nula.

3.7. Contrastes para comparar las medias de dos poblaciones normales con varianzas poblacionales iguales y desconocidas

H_0	H_1	Región de rechazo
$\mu_x = \mu_y$	$\mu_x < \mu_y$	$\dfrac{\overline{x} - \overline{y}}{\sqrt{\dfrac{n_x s_x^2 + n_y s_y^2}{n_x + n_y - 2}}\sqrt{\dfrac{1}{n_x} + \dfrac{1}{n_y}}} < -t_{n_x + n_y - 2, 1 - \alpha}$
$\mu_x = \mu_y$	$\mu_x > \mu_y$	$\dfrac{\overline{x} - \overline{y}}{\sqrt{\dfrac{n_x s_x^2 + n_y s_y^2}{n_x + n_y - 2}}\sqrt{\dfrac{1}{n_x} + \dfrac{1}{n_y}}} > t_{n_x + n_y - 2, 1 - \alpha}$
$\mu_x = \mu_y$	$\mu_x \neq \mu_y$	$\dfrac{|\overline{x} - \overline{y}|}{\sqrt{\dfrac{n_x s_x^2 + n_y s_y^2}{n_x + n_y - 2}}\sqrt{\dfrac{1}{n_x} + \dfrac{1}{n_y}}} > t_{n_x + n_y - 2, 1 - \frac{\alpha}{2}}$

Ejemplo. Se quiere comprobar si entre la zona norte (x) y sur (y) del cabo de Santa Pola existen diferencias en la *Littorina punctata*.[3] Para ello se han

---

[3]Littorina es un género de moluscos gasterópodos de la familia *Littorinidae*. Estos pequeños caracoles marinos viven en el piso mesolitoral de playas rocosas.

recogido mediante observación dos muestras en cada zona, y se han obtenido los siguientes datos:

$$\overline{x} = 2,2; \quad \overline{y} = 1,9;$$
$$s_x = 0,12; \quad s_y = 0,10;$$
$$n_x = 155; \quad n_y = 208.$$

Determina si se observan diferencias significativas entre ambas poblaciones con un nivel de confianza del 99 %.

Solución. Como $n_x > 30$, $n_y > 30$ y teniendo en cuenta el teorema central del límite, podemos suponer que los datos proceden de dos poblaciones normales.

El contraste de hipótesis es

$$H_0 : \mu_x = \mu_y$$
$$H_1 : \mu_x \neq \mu_y.$$

El estadístico de contraste viene dado por

$$\frac{|\overline{x} - \overline{y}|}{\sqrt{\frac{n_x s_x^2 + n_y s_y^2}{n_x + n_y - 2}} \sqrt{\frac{1}{n_x} + \frac{1}{n_y}}} = \frac{2,2 - 1,9}{\sqrt{\frac{155 \cdot 0,12^2 + 208 \cdot 0,12^2}{155 + 208 - 2}} \sqrt{\frac{1}{155} + \frac{1}{208}}} \approx 25,8690.$$

Por otra parte, $t_{n_x+n_y-2}, 1 - \frac{\alpha}{2} = t_{361;0,995} \approx z_{0,995} \approx 2,57$.

Como $25,8690 > 2,57$ no se debe aceptar la hipótesis nula con una confianza del 99 %. Es decir, hay diferencias significativas entre las poblaciones de *Littorina punctata* de la zona norte y la zona sur del cabo de Santa Pola.

Para corroborarlo calculamos el p-valor.

$$P(z > 25,8690) \approx 0, \quad \text{donde } z \sim N(0,1).$$

Entonces,

$$\text{p-valor} = 2 \cdot P(z > 25,8690) \approx 0.$$

Con lo que, p-valor $< \alpha$. Entonces, en este caso, no se debe aceptar la hipótesis nula.

3.8. Contraste para la media de datos apareados o relacionados

Como ya se indicó en los intervalos de confianza, los datos apareados son aquellos que están relacionados por lo que, a la hora de su tratamiento estadístico, no se ha de efectuar, como hemos hecho en las dos secciones últimas, tratándolos como muestras de poblaciones independientes.

El tratamiento de este tipo de contrastes lo explicamos a continuación con un ejemplo.

Ejemplo. Se desea contrastar la eficiencia de dos tipos de carburantes, x e y. Para ello se eligen al azar nueve coches de diferentes marcas. Cada coche es conducido por una misma persona para los dos tipos de combustible. También, para los dos tipos de combustible, las pruebas se realizan por las mismas carreteras, las mismas distancias recorridas, etc. En resumen, se dan las mismas condiciones para los dos tipos de combustible.

El resultado de los litros consumidos de los dos tipos de carburante según el tipo de coche son los siguientes:

x	132	139	126	114	122	132	142	119	126
y	124	141	118	116	114	132	145	123	121

Suponiendo normalidad en las poblaciones, ¿qué se puede concluir sobre la eficiencia de los dos tipos de combustible con una confianza del 99 %?

Solución. Para contrastar la eficiencia de los dos tipos de carburante se efectúa el contraste de hipótesis de la variable $v = x - y$. Entonces, los datos de esta nueva variable (v) vienen reflejados en la tabla siguiente:

x	132	139	126	114	122	132	142	119	126
y	124	141	118	116	114	132	145	123	121
v	8	−2	8	−2	8	0	−3	−4	5

En consecuencia, el contraste de hipótesis es

$$H_0 : \mu_v = 0$$
$$H_1 : \mu_v \neq 0.$$

Es decir, se va a realizar un contraste de hipótesis como si se tratara de un contraste para la media de una población normal con la varianza poblacional desconocida.

Para ello es necesario determinar la media y la desviación típica de la variable v.

Efectuando los cálculos se obtienen $\overline{v} = 2$ y $s_v \approx 4,8762$. Con lo que el estadístico de contraste es

$$\frac{|\overline{v} - 0|}{\frac{s_v}{\sqrt{n-1}}} = \frac{2}{\frac{4,8762}{\sqrt{8}}} \approx 1,16.$$

Por otra parte, $t_{n-1,1-\frac{\alpha}{2}} = t_{8;0,995} \approx 3,355$. Con lo que, como $1,16 < 3,355$, no se debe rechazar la hipótesis nula. Es decir, no hay diferencias significativas entre los dos combustibles a un nivel de confianza del 99 %.

Utilizando el p-valor constataremos lo anterior.

$$P(z > 1,16) = 0,1230, \text{ donde } z \sim N(0,1).$$

Entonces, p-valor $= 2 \cdot 0,1230 = 0,2460 > 0,01$ con lo que no se debe rechazar la hipótesis nula.

3.9. Contrastes para una proporción

H_0	H_1	Región de rechazo
$p = p_0$	$p < p_0$	$\dfrac{\hat{p} - p_0}{\sqrt{\frac{p_0(1-p_0)}{n}}} < -z_{1-\alpha}$
$p = p_0$	$p > p_0$	$\dfrac{\hat{p} - p_0}{\sqrt{\frac{p_0(1-p_0)}{n}}} > z_{1-\alpha}$
$p = p_0$	$p \neq p_0$	$\dfrac{|\hat{p} - p_0|}{\sqrt{\frac{p_0(1-p_0)}{n}}} > z_{1-\frac{\alpha}{2}}$

Ejemplo. En el año 2017, un estudio indicaba que un 16 % de los conductores utilizaban el móvil con el vehículo en marcha.

Con el fin de investigar la efectividad de las campañas de concienciación promovidas desde la Dirección General de Tráfico para eliminar el uso del teléfono móvil con el vehículo en marcha que se han realizado desde entonces para reducir esos hábitos, se ha hecho una encuesta a 120 conductores de los cuales 13 hacen un uso indebido del móvil.

Plantea un test para contrastar, con un nivel de significación del 2 %, si las campañas de concienciación de la Dirección General de Tráfico han cumplido el objetivo de reducir el uso del móvil con el vehículo en marcha.

Solución.   Según los datos del enunciado, $p_0 = 0,16$ y $\hat{p} = \dfrac{13}{120} \approx 0,1083$. Con lo que, el contraste de hipótesis es

$$H_0 : p = 0,16$$
$$H_1 : p < 0,16.$$

El estadístico de contraste es

$$\frac{\hat{p} - p_0}{\sqrt{\frac{p_0(1-p_0)}{n}}} = \frac{0,1083 - 0,16}{\sqrt{\frac{0,16 \cdot 0,84}{120}}} \approx -1,5448.$$

Por otra parte, $z_{1-\alpha} = z_{0,98} \approx 2,055$.

Entonces, como $-1,5448 \not< -2,055$ no se debe rechazar la hipótesis nula. Es decir, con una confianza del 98 %, las campañas de concienciación de la Dirección General de Tráfico no han surtido efecto.

Utilizando el p-valor podremos corroborar la afirmación anterior ya que

$$\text{p-valor} = P(z < -1,5448) \approx 0,0612 > 0,02 \quad \text{donde} \quad z \sim N(0,1).$$

En consecuencia, no se debe rechazar la hipótesis nula.

H_0	H_1	Región de rechazo
$p_x = p_y$	$p_x < p_y$	$$\dfrac{\hat{p}_x - \hat{p}_y}{\sqrt{\dfrac{\hat{p}_x(1-\hat{p}_x)}{n_x} + \dfrac{\hat{p}_y(1-\hat{p}_y)}{n_y}}} < -z_{1-\alpha}$$
$p_x = p_y$	$p_x > p_y$	$$\dfrac{\hat{p}_x - \hat{p}_y}{\sqrt{\dfrac{\hat{p}_x(1-\hat{p}_x)}{n_x} + \dfrac{\hat{p}_y(1-\hat{p}_y)}{n_y}}} > z_{1-\alpha}$$
$p_x = p_y$	$p_x \neq p_y$	$$\dfrac{|\hat{p}_x - \hat{p}_y|}{\sqrt{\dfrac{\hat{p}_x(1-\hat{p}_x)}{n_x} + \dfrac{\hat{p}_y(1-\hat{p}_y)}{n_y}}} > z_{1-\frac{\alpha}{2}}$$

3.10. Contrastes para comparar dos proporciones

Ejemplo. La gerencia de una empresa multinacional desea saber si la proporción de hombres que realizan horas extras es superior a la de mujeres que también las realizan. Para ello seleccionan al azar cien personas de la plantilla, de las que 42 son mujeres. De estas, 33 no hacen horas extras y 43 hombres tampoco realizan horas extras.

Contrasta, con un nivel de confianza del 95 %, si la proporción de hombres que están realizando horas extras es superior a la proporción de las mujeres que también las realizan.

Solución. Según los datos proporcionados en el enunciado, 9 de las 42 mujeres realizan horas extras y 15 de los 58 hombres, también. Con lo que

$\hat{p}_x = \dfrac{15}{58} \approx 0,2586$ y $\hat{p}_y = \dfrac{9}{42} \approx 0,2143$.

El contraste de hipótesis a realizar es:

$$H_0 : p_x = p_y$$
$$H_1 : p_x > p_y.$$

El estadístico de contraste es

$$\frac{\hat{p}_x - \hat{p}_y}{\sqrt{\frac{\hat{p}_x(1-\hat{p}_x)}{n_x} + \frac{\hat{p}_y(1-\hat{p}_y)}{n_y}}} = \frac{0,2586 - 0,2143}{\sqrt{\frac{0,2586 \cdot 0,7414}{58} + \frac{0,2143 \cdot 0,7857}{42}}} \approx 0,5180.$$

Por otra parte, $z_{1-\alpha} = z_{0,95} = 1,64$.

Entonces, como $0,5180 < 1,64$, no se debe rechazar la hipótesis nula. Es decir, con una confianza del 95 %, se puede afirmar que no hay diferencias significativas entre el número de hombres y el de mujeres que realizan horas extras.

Utilizando el p-valor se llega a la misma conclusión.

$$\text{p-valor} = P(z > 0,5180) \approx 0,3022 > 0,05 \quad \text{donde } z \sim N(0,1)$$

con lo que no se debe rechazar la hipótesis nula.

Nota: La redacción de la sección de contrastes de hipótesis está inspirada en el blog $https: //aprendeconalf.es/docencia/estadistica/manual/contrastes/$

3.11. Factor de corrección para poblaciones finitas

Se considera que el tamaño de la población, N, no es lo suficientemente grande con respecto al tamaño de la muestra, n, cuando $N < 20 \cdot n$. Entonces, para adecuar las fórmulas expresadas en las secciones anteriores a esta situación, se multiplica la varianza del estadístico por el factor de corrección $\sqrt{\dfrac{N-n}{N-1}}$.

Ejemplo. En 2007 se realizó un estudio sobre consumo de drogas en la población penitenciaria. Uno de los aspectos que se analizó fue si los internos habían consumido alcohol en los 30 días previos a su ingreso en un centro penitenciario. El resultado fue que el $63,2\,\%$ de los internos lo habían consumido.

En 2012, para contrastar si el porcentaje de internos había sufrido diferencias respecto del estudio de 2007, se realizó una encuesta a 4.986 internos y 3.228 manifestaron que habían consumido alcohol los 30 días previos a su ingreso en un centro penitenciario.

Sabiendo que en 2012 la población penitenciaria era de 71.389 personas, determina con un nivel de confianza del $98\,\%$ si el porcentaje de internos ha sufrido variación en el periodo de 2007 a 2012.

Solución. Por contraste de hipótesis.

$$H_0 : p = p_0$$
$$H_1 : p \neq p_0$$

$$p_0 = 0,632; \ \hat{p} = \frac{3,228}{4,986}; \ n = 4,986; \ N = 71,389.$$

Como $N < 20 \cdot n$ se debe incorporar el factor de corrección para poblaciones finitas en el cálculo del estadístico $z_{experimental}$.

$$z_{experimental} = \frac{|\hat{p} - p_0|}{\sqrt{\frac{p_0(1-p_0)}{n}} \cdot \sqrt{\frac{N-n}{N-1}}}.$$

$$z_{experimental} = 2,3398; \ z_{99} = 2,33.$$

Como $z_{experimental} > z_{99}$ no podemos aceptar H_0. Es decir, el porcentaje de internos que habían consumido alcohol los 30 días previos a su ingreso en prisión en 2012 ha variado con respecto a los de 2007.

Por intervalo de confianza para una población finita.

$$\left[\hat{p} - z_{1-\frac{\alpha}{2}} \sqrt{\frac{\hat{p}(1-\hat{p})}{n}} \sqrt{\frac{N-n}{N-1}}, \hat{p} + z_{1-\frac{\alpha}{2}} \sqrt{\frac{\hat{p}(1-\hat{p})}{n}} \sqrt{\frac{N-n}{N-1}} \right].$$

En nuestro caso en particular

$$p_0 = 0,632 \notin [0,6322; 0,6626].$$

Con lo que el porcentaje de internos que habían consumido alcohol los 30 días previos a su ingreso en prisión en 2012 ha variado con respecto al año 2007.

3.11.1. Ejercicios propuestos

Problema 3.11.1 *En determinados supuestos y para favorecer la reinserción social de las personas recluidas en centros penitenciarios, las autoridades penitenciarias, con el consentimiento y autorización de la autoridad* *judicial competente, proponen a determinados grupos de personas recluidas la participación en estudios de índole social o de la salud.*

Acogiéndose a lo anteriormente expuesto, un grupo de investigación de un laboratorio farmacéutico ha solicitado permiso a la dirección del Centro Penitenciario de Castellón de la Plana para elegir al azar dos muestras de nueve mujeres del pabellón femenino de ese centro.

El grupo de investigación está llevando a cabo ensayos clínicos para comprobar la eficacia de algunos fármacos sobre el control del peso en las personas. El objetivo de la investigación es corroborar o refutar la sospecha que hay dos de esos fármacos que son equivalentes en cuanto a los efectos producidos.

	Participantes								
	1	2	3	4	5	6	7	8	9
Muestra 1	132	139	126	114	122	132	142	119	126
Muestra 2	124	141	118	116	114	132	145	123	121

Las muestras de los pesos (expresados en libras) se hallan recogidas en la tabla anterior.

Resolved razonadamente si los datos nos sugieren rechazar dicha sospecha a un nivel de significación $\alpha = 0,01$ en cada una de las siguientes situaciones:

1. *Las muestras 1 y 2 corresponden al peso de las mismas nueve personas adultas, después de administrar a cada una de ellas los dos tratamientos. Para ello, se ha diseñado el ensayo de forma que el participante*

i-ésimo estuviera en idénticas condiciones clínicas (con un peso de partida p_i idéntico) cuando se le administró uno y otro tratamiento.

2. *Suponiendo que las muestras 1 y 2 corresponden a 18 personas en una misma situación clínica de partida (con un mismo peso de partida p). Se les divide al azar en dos grupos de nueve personas cada uno de ellos, y a cada grupo se le administra uno y solo uno de los dos fármacos.*

Nota: *Se supone que la variable peso se distribuye según una normal y la igualdad de varianzas en las dos muestras.*

Solución 3.11.1

1. *La exposición del apartado sugiere datos apareados. Se han efectuado los cálculos con los datos Muestra 2 - Muestra 1.*

   Por contraste de hipótesis.

   $$H_0 : \mu = 0$$
   $$H_1 : \mu \neq 0$$

   $$\bar{x} = -2, \; s = 4,8762, \; t_{8;0,995} = 3,355, \; t_{experimental} = 1,1601.$$

   Como $1,1601 < 3,355$ no se puede rechazar la hipótesis nula. Es decir, que hay dos fármacos que son equivalentes en cuanto a los efectos que producen.

Por intervalo de confianza.

Como $0 \in [-3,7840; 7,7840]$ se concluye lo mismo que en el contraste de hipótesis anterior.

2. *Consideramos que son muestras independientes y que a cada una se le suministra un fármaco distinto.*

Por contraste de hipótesis.

$$H_0 : \mu_1 = \mu_2$$
$$H_1 : \mu_1 \neq \mu_2$$

$$\bar{x}_1 = 128 \qquad \bar{x}_2 = 126$$
$$s_1^2 = 74,4444 \qquad s_2^2 = 107,5556$$

$$t_{experimental} = 0,4193 \, ; t_{16;0,995} = 2,921.$$

Como $0,4193 < 2,921$ no se puede rechazar la hipótesis nula. Es decir, los dos fármacos son equivalentes.

Por intervalo de confianza.

Como $0 \in [-11,9323; 15,9323]$ se concluye lo mismo que en el contraste de hipótesis anterior.

Problema 3.11.2 *Se tiene comprobado por estudios anteriores que una determinada comunidad autónoma reproduce fielmente, en el ámbito nacional, las fugas de menores, niñas y niños, de los centros de acogida.*

Según datos facilitados por dicha comunidad autónoma, el año 2018 se fugaron de los centros de acogida un total de 1.020 menores, niños y niñas, de los que 829 retornaron al centro, mientras que se desconoce el paradero de los 191 restantes.

En cambio en 2017 hubo 865 menores fugados, de los que 735 regresaron al sistema y 130 no volvieron nunca.

La comunidad autónoma puntualiza que «se entiende por una fuga aquella situación que el niño o niña no regresa a la hora prevista en la tenía que volver al centro» y también «aquella situación en que el menor sale con permiso para estar con la familia biológica y ésta no lo devuelve a la hora prevista».

En base a los datos facilitados se quiere determinar en el ámbito nacional y con un nivel de confianza del 95 % si los menores, niñas y niños, que no regresaron al centro de acogida en el año 2018 experimentó un aumento significativo respecto a los que no regresaron en el año 2017.

¿Cuál es la conclusión si el nivel de confianza es del 99 %?

Si la conclusión a la que se llega en las dos situaciones pedidas no es la misma, razona el motivo de la discrepancia.

Solución 3.11.2 *Se trata de un contraste de hipótesis para dos proporciones de dos muestras independientes.*

1. Nivel de confianza del 95 %.

$$H_0 : \hat{p}_x = \hat{p}_y$$
$$H_1 : \hat{p}_x > \hat{p}_y$$

$$\hat{p}_x = \frac{191}{1,020}; \ \hat{p}_y = \frac{130}{865}; \ n_x = 1,020; \ n_y = 865;$$

$$z_{experimental} = 2,1456; \ z_{0,95} = 1,645.$$

Como $z_{experimental} > z_{0,95}$ no se puede aceptar H_0. Es decir, la proporción de menores, niñas y niños, que no regresaron al centro de acogida en 2018 experimentó un aumento respecto al año 2017. Contrastando la afirmación anterior con un intervalo de confianza para $\alpha = 0,05$, se tiene que, para $z_{0,975} = 1,96$, el intervalo de confianza es:

$$0 \notin [0,0031; 0,0707]$$

Con lo que corrobora la decisión tomada en el contraste.

2. *Nivel de confianza del 99 %.*

$$H_0 : \hat{p}_x = \hat{p}_y$$
$$H_1 : \hat{p}_x > \hat{p}_y$$

$$\hat{p}_x = \frac{191}{1,020}; \ \hat{p}_y = \frac{130}{865}; \ n_x = 1,020; \ n_y = 865;$$

$$z_{experimental} = 2,1456; \ z_{0,99} = 2,33.$$

Como $z_{experimental} < z_{0,99}$ no se puede rechazar H_0. Es decir, la proporción de menores, niñas y niños, que no regresaron al centro de acogida en 2018 no experimentó un aumento respecto al año 2017. Contrastando la afirmación anterior con un intervalo de confianza para $\alpha = 0,01$, se tiene que, para $z_{0,995} = 2,57$, el intervalo de confianza es:

$$0 \in [-0,0073; 0,0813]$$

Con lo que corrobora la decisión tomada en el contraste.

Como se advierte, las respuestas a los dos apartados del ejercicio son contradictorias. Ya que, para un nivel de significación de $\alpha = 0,05$, el resultado del análisis del contraste sugiere que no se debe aceptar la H_0. Mientras que para un nivel de significación de $\alpha = 0,01$, el resultado del análisis del contraste sugiere que no se puede rechazar H_0. Entonces, ¿a qué se debe esta dicotomía?

Para responder a esta pregunta es necesario conocer cómo afecta a la amplitud del intervalo de confianza la variación del valor del nivel de significación, α, fijado.

Si para una misma muestra, calculamos el intervalo de confianza para un valor del nivel de significación y, después, calculamos el intervalo de confianza para otro valor, distinto del anterior, del nivel de significación, observaremos que si el primer valor del nivel de significación es mayor que el segundo, la amplitud del intervalo de confianza habrá aumentado y viceversa.

En nuestro caso se observa que el nivel de significación del primer apartado, $\alpha = 0,05$, es mayor que el del segundo apartado, $\alpha = 0,01$, por lo que, como se ha señalado en el párrafo anterior, la amplitud del intervalo de confianza aumenta. Este aumento de la amplitud ha conseguido que el cero ahora pertenezca al intervalo de confianza, cosa que en el primer apartado no lo hacía.

Esta problemática se genera cuando alguno de los dos extremos del intervalo de confianza se encuentra en un entorno del cero.

Una forma de resolver esta problemática es apoyarnos en el hecho de que si se aumenta el tamaño de la muestra, disminuye la amplitud del intervalo de confianza.

Veamos, aplicado a este ejercicio, como afecta el aumento del tamaño de la muestra a la amplitud del intervalo de confianza.

Supongamos que doblamos el tamaño de las muestras sin que, por ello, varíen las proporciones muestrales. Es decir,

$$\hat{p}_x = \frac{191}{1{,}020}, \ \hat{p}_y = \frac{130}{865}, \ n_x = 2{,}040, \ n_y = 1730.$$

Con estos datos, $z_{experimental} = 3,0343$ y los intervalos de confianza para $\alpha = 0,05$ y para $\alpha = 0,01$ son, respectivamente,

$$0 \notin [0,0131; 0,0608]$$

y

$$0 \notin [0,0057; 0,0683].$$

Como puede ahora observarse, ya no existe contradicción con los resultados del contraste.

Hay que resaltar que no siempre se puede aumentar el tamaño muestral. Por lo que el método expuesto no serviría para resolver la contradicción planteada para cualquier caso.

Las distintas alternativas al aumento del tamaño de la muestra para resolver la contradicción planteada, las vamos a obviar porque superan los objetivos de este manual.

Problema 3.11.3 *Una empresa del sector alimentario decide elaborar un estudio para estimar la venta diaria de un producto de primera necesidad. Para ello seleccionan al azar diez días y obtienen los siguientes resultados (expresados en miles de unidades):* $35, 44, 38, 55, 33, 56, 67, 45, 48, 40$. *Suponiendo que la población de donde se extrae la muestra se distribuye según una normal, determina, con un nivel de confianza del 98%, un intervalo de confianza para la media.*

Solución 3.11.3

$$\bar{x} = 46,1; \ s = 10,1040; \ \alpha = 0,02; \ t_{9;0,99} = 2{,}82144.$$

$$[36, 5974; 55, 6026].$$

Es decir, la media diaria se encuentra entre 36.597 unidades y 55.603 unidades, aproximadamente.

Problema 3.11.4 *La dirección de un centro penitenciario, en el que están recluidas 527 personas, desea elevar el nivel de autoestima de las personas recluidas en el centro. Para ello ha buscado asesoramiento en un gabinete de psicología.*

Desde el gabinete de psicología recomiendan a la dirección del centro la realización de un taller a las personas recluidas para aumentar su autoestima.

Los responsables del centro penitenciario le exigen a la dirección del gabinete de psicología una prueba fehaciente de que su taller para mejorar la autoestima es eficiente.

Para corroborar su recomendación, los responsables del gabinete de psicología le han propuesto a la dirección del centro penitenciario realizar el taller de autoestima a 20 personas internas y, posteriormente, evaluar los resultados. Después, tras conocer los resultados, la dirección del centro penitenciario decidirá sobre la impartición o no del taller al resto de personas internas.

Para probar la eficacia del taller, un grupo de profesionales de la psicología evalúa la autoestima a 20 personas internas antes de realizar el taller de autoestima y, una vez realizado el taller, vuelve a evaluar a las mismas personas su autoestima. Los resultados obtenidos son los siguientes:

	Participantes									
	1	2	3	4	5	6	7	8	9	10
Antes	18	16	18	12	20	17	18	20	22	20
Después	20	22	24	10	25	19	20	21	23	20

	Participantes									
	11	12	13	14	15	16	17	18	19	20
Antes	10	8	20	12	16	16	18	20	18	21
Después	10	12	22	14	12	20	22	24	23	17

Suponiendo que la autoestima se distribuye según una normal, efectúa un estudio sobre los resultados obtenidos con una confianza del 95 % y, en base a ellos, ¿qué recomendarías a la dirección del centro penitenciario sobre el taller de autoestima?

Si en lugar de una confianza del 95 % se hace el estudio con una confianza del 99 %, ¿se modificaría la recomendación hecha anteriormente?

Solución 3.11.4 *Se trata de un problema de datos apareados.*

	Participantes									
	1	2	3	4	5	6	7	8	9	10
Diferencia	-2	-6	-6	2	-5	-2	-2	-1	-1	0

	Participantes									
	11	12	13	14	15	16	17	18	19	20
Diferencia	0	-4	-2	-2	4	-4	-4	-4	-5	4

$$\bar{x} = -2; \ s = 2,8636; \ \alpha = 0,05.$$

Por contraste de hipótesis:

$$H_0 : \mu = \mu_0$$
$$H_1 : \mu \neq \mu_0$$

$$\mu_0 = 0; \ n = 20; \ N = 527.$$

$$Estadístico = \frac{|\bar{x} - \mu_0|}{\frac{s}{\sqrt{n-1}} \sqrt{\frac{N-n}{N-1}}} = 3,1001; \ t_{19;0,975} = 2,0930.$$

Por intervalo de confianza:

$$\left[\bar{x} - t_{n-1,1-\frac{\alpha}{2}} \frac{s}{\sqrt{n-1}} \sqrt{\frac{N-n}{N-1}}, \bar{x} + t_{n-1,1-\frac{\alpha}{2}} \frac{s}{\sqrt{n-1}} \sqrt{\frac{N-n}{N-1}} \right].$$

$$0 \notin [-3,3450; -0,6501].$$

En consecuencia, no se puede aceptar la hipótesis nula. Es decir, hay eviden-cia estadística de que el taller mejora la autoestima. En el caso de que se haga el estudio con el 99 % de confianza, el valor del parámetro es $t_{19;0,995} = 2,8609$ y el intervalo de confianza

$$0 \notin [-3,8452; -0,1548].$$

Con lo que no cambia la conclusión.

3.12. Exámenes años anteriores

1. (27 mayo 2011) Se lleva a cabo un estudio para ver si el visionado de cierto tipo de películas afecta a los niveles de agresividad de los espectadores. Para ello se miden los niveles de agresividad de distintas personas, tras ver una película de acción y tras ver una comedia (los espectadores escogidos son distintos y se seleccionan de forma aleatoria e independiente). Estos son los datos recogidos de los 16 individuos:

Comedia (x)	7	8	4,2	5	14	6,5	7,3	10
Acción (y)	8,2	9,1	5,4	6,3	10	6,5	8	11,3

   a) Calcula un intervalo de confianza (y sólo uno) al 95 % para determinar si existe diferencia (razonando por qué) entre los niveles medios de agresividad al ver una comedia y una película de acción.

   b) Plantea y resuelve un contraste de hipótesis al 95 % para determinar si existe diferencia entre los niveles medios de agresividad de los espectadores al ver una comedia o una película de acción.

(Solución: $\overline{x} = 7{,}75$, $\overline{y} = 8{,}1$, $s_x^2 = 8{,}335$, $s_y^2 = 3{,}495$; a) $\mu_x - \mu_y \in [-3{,}1385; 2{,}4385]$, si las medias fueran iguales $\mu_x - \mu_y = 0$ y como 0 es un valor que está en este intervalo, las dos medias podrían ser iguales, luego no se puede asegurar que los niveles medios de agresividad van a ser distintos; b) H_1: $\mu_x \neq \mu_y$, $0{,}2692 \not> 2{,}145$, no se puede rechazar H_0, los niveles medios de agresividad podrían ser iguales)

2. (11 julio 2011) El alcalde de Castellón quiere conocer cuánto tiempo tarda el servicio de bomberos en responder a una llamada del servicio. En una muestra aleatoria de 13 ciudadanos que han llamado a los bomberos para que se les preste asistencia, se ha calculado que el servicio de bomberos ha respondido en un tiempo medio de 92 segundos. Se pide:

    a) Calcula un intervalo para la media con un nivel de confianza del 95 %.

    b) ¿Puede el alcalde comprometerse a decir que los bomberos responden a las llamadas de emergencia, por término medio, en menos de 10 minutos?

(Solución: *a*) [802,13;917,87] segundos, [13,37;15,30] minutos; *b*) no puede comprometerse, ya que, con una fiabilidad del 95 %, los bomberos tardan por término medio más de 13 minutos)

3. (25 mayo 2012) Para evaluar dos modalidades de estudio diferentes, presencial y a distancia, se escogen 600 alumnos y 400 alumnos, respectivamente, que acabaron la secundaria obligatoria. Se observa que por la modalidad presencial acceden a la universidad 90 alumnos y por la modalidad a distancia 50 alumnos.

    a) Calcula un intervalo de confianza, con un nivel de significación del 5 %, para determinar si existe diferencia entre las proporciones de alumnado que accede a la universidad procedente de las dos modalidades.

b) Plantea y resuelve un contraste de hipótesis con una confianza del 95 % para determinar si existe diferencia entre las proporciones de alumnado que accede a la universidad procedente de las dos modalidades.

(Solución: a) $[-0,0182; 0,0682]$; como 0 pertenece al intervalo podemos concluir, con una confianza del 95 %, que no existe diferencia entre las dos modalidades; b) $1,1\widehat{36} \not> 1,96$; por tanto, no hay evidencias para rechazar H_0, y podemos concluir, con una confianza del 95 %, que no existe diferencia entre las dos modalidades)

4. (13 julio 2012) Las autoridades del Centro Penitenciario de Castellón se han propuesto que puedan obtener el título de graduado en secundaria el mayor número de internos. Por medio de terceras personas se enteran de que hay un psicólogo que aplica una técnica de enriquecimiento motivacional que hace mejorar el rendimiento académico. Antes de contratar o no al psicólogo se decide contrastar su técnica mediante un estudio estadístico. Para llevarlo a cabo, un graduado en criminología pasó una prueba de rendimiento académico a una muestra de 16 internos. Después, el psicólogo les aplicó su técnica de enriquecimiento motivacional y se les volvió a pasar otra prueba de rendimiento académico a los mismos 16 internos. Los resultados fueron los siguientes:

Identificador	Antes (X)	Después (Y)
1	8	9
2	12	16
3	14	23
4	11	21
5	16	17
6	6	10
7	11	14
8	9	18
9	10	11
10	10	12
11	19	19
12	12	16
13	17	16
14	8	13
15	13	17
16	12	11

Con un nivel de confianza del 95 %, ¿se puede rechazar que la media de los rendimientos académicos es igual, antes y después, frente a la alternativa de que se produce una mejora en la media? A la vista del resultado del análisis, ¿qué debe aconsejar el graduado en criminología a las autoridades penitenciarias?

(Solución: Como 0 no pertenece al intervalo $[1,0593; 4,5657]$ podemos concluir, con una confianza del 95 %, que el programa es efectivo. Como $3,41866 > 1,753$ hay evidencias para rechazar H_0, y podemos concluir, con una confianza del 95 %, que el programa de enriquecimiento emocional es efectivo.)

5. (31 mayo 2013) Por estudios realizados anteriormente, se sabe que el nivel de protrombina (proteína del plasma sanguíneo que interviene en el proceso de coagulación) en sangre se distribuye normalmente con media de 20 mg/100 ml de plasma. Una parte de la población reclusa del Centro Penitenciario de Castellón ha padecido diversas afecciones del hígado y se tiene la sospecha de que esto haya provocado que a esta parte de la población le haya bajado el nivel medio de protrombina. Para comprobarlo, se toma una muestra de 41 reclusos y se obtiene una media de protrombina de 185 mg/100 ml y una desviación típica de 4 mg/100 ml. ¿Qué se puede concluir con un nivel de significación del 5 %?

(Solución: Como 20 no pertenece al intervalo [17,2218; 19,7782] podemos concluir, con una confianza del 95 %, que el nivel medio de protrombina ha bajado. Como $-2,371708 \not> -1,684$, hay evidencias para rechazar H_0, y podemos concluir, con una confianza del 95 %, que el nivel medio de protrombina ha bajado.)

6. (10 julio 2013) El 30 % de los individuos que tienen un cierto nivel de estudios está en el paro. Se sospecha que el porcentaje de paro en personas que han estado recluidas en un centro penitenciario, con un nivel de estudios semejante, es superior a ese porcentaje. Para comprobarlo se ha escogido una muestra de 250 exreclusos con un nivel de estudios semejante al que se está estudiando y se ha observado que 90 de estas

personas están paradas. ¿A qué conclusión se puede llegar con un nivel de confianza del 99 %?

(Solución: Como 2,0702 $\not>$ 2,33, no hay evidencias para rechazar la hipótesis nula y se puede concluir, con un 99 % de confianza, que el porcentaje de paro en personas que han estado recluidas en el centro penitenciario, con un nivel de estudios semejante, sigue siendo del 30 %. Como 0,3 pertenece al intervalo [0,2823;0,4377], se puede concluir, con un 99 % de confianza, que el porcentaje de paro en personas que han estado recluidas en el centro penitenciario, con un nivel de estudios semejante, sigue siendo del 30 %.)

7. (13 junio 2014) Se sabe por experiencia que el tiempo obtenido por los participantes olímpicos de la prueba de 100 metros, en la modalidad de decatlón, es una variable aleatoria que sigue una distribución normal con media de 12 segundos y desviación típica de 1,5 segundos. Para contrastar, con un nivel de significación del 5 %, si no ha variado el tiempo medio en la última Olimpiada, se extrajo una muestra aleatoria de 10 participantes y se anotó el tiempo obtenido por cada uno, con los resultados siguientes, en segundos: 13, 12, 11, 10, 11, 11, 9, 10, 12, y 11. ¿Qué se puede concluir del análisis de la muestra?

(Solución: Como 12 no pertenece al intervalo [10,1741;11,8259] podemos concluir, con una confianza del 95 %, que el tiempo medio ha bajado en la última Olimpiada. Como 2,7387 > 2,262, hay evidencias para rechazar H_0, y podemos concluir, con una confianza del 95 %, que el tiempo medio ha variado en la última Olimpiada.)

8. (10 julio 2014) El 42 % de los escolares suele perder al menos un día de clase por causa de gripes y resfriados. No obstante, un estudio sobre 1.000 escolares revela que en el último curso académico hubo 450 en esas circunstancias. Las autoridades sanitarias defienden que el porcentaje del 42 % se ha mantenido para toda la población. Contrasta, con un nivel de significación del 5 %, la hipótesis defendida por las autoridades sanitarias.

(Solución: Como 0,42 pertenece al intervalo $[0,4192;0,4808]$ podemos concluir, con una confianza del 95 %, que el porcentaje del 42 % se ha mantenido. Como 1,9221 $\not>$ 1,96, no hay evidencias para rechazar H_0, y podemos concluir, con una confianza del 95 %, que el porcentaje del 42 % se ha mantenido.)

9. (12 junio 2015) La empresa encargada de la construcción de las viviendas sociales de una determinada comunidad autónoma mantiene que el 95 % de las viviendas sociales cumplen con la certificación de calidad europea. Para contrastar la afirmación del constructor, se escogen 100 viviendas al azar de las que nueve resulta que no cumplen con la certificación. ¿Qué se puede afirmar con un nivel de significación del 0,01?

(Solución: Como 0,95 pertenece al intervalo [0,8367;0,9833] podemos concluir, con una confianza del 99 %, que la empresa constructora está en lo cierto. Como $-1,8353 \not< -2,56$, no hay evidencias para rechazar H_0, y podemos concluir, con una confianza del 99 %, que la empresa constructora está en lo cierto.)

10. (10 julio 2015) Se ha hecho una encuesta a jóvenes de entre 13 años y 17 años sobre las horas de conexión a la red en los últimos seis meses. En una muestra de 100 de estas personas se observa que su media ha sido de 1.650 horas con una desviación típica de 130 horas. Con un nivel de significación del 0,05, ¿se puede afirmar que la media de conexión a la red en los últimos seis meses de los jóvenes de entre 13 años y 17 años es de 1.680 horas?

(Solución: Como 1.680 no pertenece al intervalo [1623,869;1676,131] podemos concluir, con una confianza del 95 %, que la media de conexión a la red en los últimos seis meses de los jóvenes de entre 13 años y 17 años no es de 1.680 horas. Como $2,2961 > 2$, hay evidencias para rechazar H_0, y podemos concluir, con una confianza del 95 %, que la media de conexión a la red en los últimos seis meses de los jóvenes de entre 13 años y 17 años no es de 1.680 horas.)

11. (26 mayo 2016) En el Centro Penitenciario de Castelló se ha constatado que la población reclusa de edad comprendida entre 35 y 50 años, tiene su nivel de colesterol en sangre alto. Para revertir esta situación se ha pensado hacer un programa que consta de ejercicio diario y de una dieta. Para evaluar si este programa ha surtido efecto, se escoge una muestra de 15 internos y se les mide su nivel de colesterol en sangre antes de aplicarles el programa y después. Los resultados obtenidos están reflejados en la tabla siguiente:

Sujeto	Antes (X)	Después (Y)
1	265	236
2	240	241
3	258	227
4	295	240
5	251	238
6	245	248
7	287	234
8	314	253
9	260	247
10	279	239
11	283	246
12	240	218
13	238	219
14	225	233
15	247	233

Evalúa, con un nivel de confianza del 95 %, si el programa resulta efectivo para rebajar el nivel de colesterol en sangre. Razona la respuesta.

(Solución: Como 0 no pertenece al intervalo [13,1548;36,8452] podemos concluir, con una confianza del 95 %, que el programa resulta efectivo para rebajar el nivel de colesterol en sangre. Como $4,5272 > 2,145$, hay evidencias para rechazar H_0, y podemos concluir, con una confianza del 95 %, que el programa resulta efectivo para rebajar el nivel de colesterol en sangre.)

12. (4 julio 2016) Para mejorar el porcentaje en las respuestas a los cuestionarios de las encuestas se puede incluir una pregunta inicial de motivación que aumente el interés del encuestado por completarlo. Se han enviado cuestionarios con pregunta de motivación a una muestra de 250 hogares, y se han obtenido 101 respuestas. Otros cuestionarios idénticos sin pregunta de motivación se han enviado a otra muestra independiente de 250 hogares, y se han conseguido 75 respuestas. Con un nivel de confianza del 95 %, ¿qué se puede afirmar sobre incluir la pregunta inicial de motivación? Razona la respuesta.

(Solución: Como 0 no pertenece al intervalo [0,0208;0,1872] podemos concluir, con una confianza del 95 %, que incluir una pregunta inicial de motivación aumenta el interés del encuestado por completar el cuestionario. Como $2,4492 > 1,96$, hay evidencias para rechazar H_0, y podemos concluir, con una confianza del 95 %, que incluir una pregunta inicial de motivación aumenta el interés del encuestado por completar el cuestionario.)

13. (26 mayo 2017) Una empresa que comercializa bebidas refrescantes lleva escrito en la etiqueta del envase «contenido 250 cm^3». Después de recibir varias quejas por parte de los usuarios de este tipo de bebida, la Oficina en Defensa del Consumidor ha realizado un muestreo aleatorio de 36 envases de esta bebida y ha obtenido una media de 234 cm^3 y una desviación típica de 18 cm^3. ¿Puede afirmarse, con un nivel de significación del 1 %, que se está estafando a los usuarios? (Se considera estafa que el contenido del envase sea menor que el expresado en la etiqueta).

14. (30 junio 2017) El Ayuntamiento de una determinada ciudad ha utilizado dos métodos para registrar las propiedades de los vecinos. El primer método requiere que el dueño de la propiedad se persone ante el recaudador y facilite la información requerida. En el segundo método, el dueño de la propiedad envía por correo al recaudador la información requerida. El alcalde de la ciudad piensa que el método presencial produce menos errores que el otro. Entonces, para contrastarlo, autoriza la realización de un examen a 100 listas hechas con el método presencial, donde se obtiene que el 71 % no tiene errores, y el examen a 90 listas hechas de los datos enviados por correo, donde se obtiene que el 64,4 % no tienen errores. Con el estudio de estos datos y con un nivel de significación del 5 %, ¿qué se le puede decir al alcalde?

15. (25 mayo 2018) Una línea de producción funciona con una masa de llenado de media 16 gramos por envase. De acuerdo con los datos anteriores, se sabe que la masa sigue una distribución normal. El exceso o defecto de masa en el llenado son problemas graves, y la línea de producción debe parar cada vez que se presenta alguno de ellos. Un inspector de calidad toma una muestra de 30 artículos y, de acuerdo con los resultados, toma la decisión de parar la línea o dejarla trabajando. Si el inspector se encuentra que la media y la desviación típica de los 30 artículos son 15,82 g y 0,8 g, respectivamente, ¿qué decisión debe tomar el inspector de calidad con un nivel de confianza del 95 %?

16. (28 junio 2018) Un investigador de mercados y hábitos de comportamiento afirma que el tiempo que los niños y niñas de tres a cinco años dedican a ver la televisión cada semana se distribuye normalmente con una media de 22 horas. Las madres y los padres de una determinada ciudad creen que la media es mayor.

Para corroborar o refutar esta hipótesis le encargan a una persona graduada en Criminología que realice un estudio. Para realizar la investigación escoge al azar a 64 personas entre tres y cinco años y obtiene como resultado una media de 25 horas con una desviación típica de 6 horas. Con una confianza del 95 %, ¿qué concluirá el graduado en Criminología?

17. (24 mayo 2019) Una normativa de Instituciones Penitenciarias señala que la resistencia media a la fractura de las barras de acero de las celdas asignadas a los internos de las prisiones tiene que ser de 79 kg/cm^3. Para contrastar si el Centro Penitenciario de Castellón cumple con la normativa vigente, se han efectuado diversas catas con los resultados siguientes:

69,5	71,9	72,6	73,3	73,5	75,5	75,7	75,8	76,1	76,2
77	77,9	78,1	79,6	79,7	79,9	80,1	82,2	83,7	93,7

Suponiendo que estas catas siguen una distribución normal, ¿qué se puede afirmar sobre el cumplimiento de la normativa vigente por parte del Centro Penitenciario de Castellón?

CAPÍTULO 4. ANÁLISIS DE TABLAS DE CONTINGENCIA

4.1. Introducción

En el presente capítulo se aborda el tema del contraste de hipótesis para determinar si una población tiene una determinada distribución teórica. La técnica utilizada para ello es el llamado contraste de la χ^2 para la bondad del ajuste. En concreto se va a estudiar la independencia de dos variables cualitativas mediante el establecimiento de igualdades de probabilidades. Si se estudia esta independencia en el sentido de que las probabilidades conjuntas sean igual que el producto de las probabilidades marginales estaremos ante un contraste de independencia. Si el estudio se realiza en el sentido de que las probabilidades condicionadas de una respecto de los valores de la otra sean todas iguales estaremos ante un contraste de homogeneidad.

Clarifiquemos el párrafo anterior con unos ejemplos:

- Los contrastes de independencia se utilizan para responder preguntas como: ¿hay asociación entre la obesidad y la hipertensión?, ¿existe relación entre la delicuencia y el nivel de estudios?

- Los contrastes de homogeneidad se utilizan para dilucidar si las proporciones de votantes a un candidato A, a un candidato B o los que se abstuvieron son las mismas en dos ciudades distintas.

4.2. Test chi-cuadrado de homogeneidad

El propósito de esta técnica consiste en verificar si la población objeto de estudio se reparte homogéneamente (por igual) entre las distintas categorías de la variable cualitativa que nos interesa.

Para la toma de decisiones, se plantea el siguiente contraste de hipótesis:

H_0 : homogeneidad en la asignación de los individuos en cada categoría.
H_1 : no hay homogeneidad en la asignación de los individuos en cada categoría.

La región de rechazo viene dada por:

- Caso de una única columna

$$\sum \frac{(n_i - n_e)^2}{n_e} \geq \chi^2_{\text{clases}-1,1-\alpha}$$

donde n_i es la n tabulada, n_e es la n esperada, *clases* es el número de filas de la tabla y α es el nivel de significación.

- Caso de más de una columna

$$\sum \frac{(n_i - n_e)^2}{n_e} \geq \chi^2_{(\text{columnas}-1)\cdot(\text{filas}-1),1-\alpha}$$

donde n_i es la n tabulada, n_e es la n esperada, *columnas* es el número de columnas de la tabla, *filas* es el número de filas de la tabla y α es el nivel de significación.

Ejemplo. Los habitantes de un pueblo han estado expuestos a la radiactividad procedente de un vertedero en el que se almacenan desechos atómicos. Debido al desarrollo de una enfermedad en la sangre en un determinado grupo de personas de este pueblo, se realiza una investigación para descubrir si hay alguna asociación entre la exposición y el desarrollo de dicha enfermedad en la sangre.

Para llevar a cabo el experimento se eligen muestras aleatorias de 300 personas de la comunidad que han estado expuestas al peligro y 320 no expuestas. Los resultados están contemplados en la tabla siguiente:

	Enfermedad	
Expuestos	Sí	No
Sí	52	248
No	48	272

¿Qué se puede concluir, con un nivel de confianza del 95 %, a la vista de los resultados?

Solución. En primer lugar calculamos los totales de la tabla de contingencia de los datos tabulados.

A continuación formamos la tabla de contingencia de los datos esperados.

	Enfermedad		
Expuestos	Sí	No	Total
Sí	52	248	300
No	48	272	320
Total	100	520	620

	Enfermedad		Total
Expuestos	Sí	No	
Sí	$\frac{300\times100}{620}\approx 48,3871$	$\frac{300\times520}{620}\approx 251,6129$	300
No	$\frac{320\times100}{620}\approx 51,6129$	$\frac{320\times520}{620}\approx 268,3871$	320
Total	100	520	620

El contraste de hipótesis es el siguiente:

H_0 : No existen diferencias significativas (homogeneidad)
H_1 : Existen diferencias significativas (no homogeneidad)

El estadístico de contraste es

$$\frac{(52-48,3871)^2}{48,3871}+\frac{(248-251,6129)^2}{251,6129}+\frac{(48-51,6129)^2}{51,6129}+$$

$$+\frac{(272-268,3871)^2}{268,3871}\approx 0,6232.$$

Por otra parte,

$$\chi^2_{(2-1)\cdot(2-1);0,95}=\chi^2_{1;0,95}\approx 3,841.$$

Entonces, como $0,6232 < 3,841$, no debe rechazarse la hipótesis nula con un nivel de confianza del 95 %. Es decir, no existen pruebas empíricas que demuestren que el vertedero influya en el número de casos de personas enfermas.

4.2.1. Ejercicios propuestos

Problema 4.2.1 *Antes de proceder a la renovación de un vocal de una determinada sala de un tribunal de justicia, se ha efectuado un recuento de las sentencias dictadas por esta sala durante el periodo en el que han impartido justicia. El resultado obtenido ha sido el siguiente:*

- *Sentencias condenatorias* (12 %)

- *Sentencias absolutorias* (18 %)

- *Sentencias determinativas* (40 %)

- *Sentencias constitutivas* (18 %)

- *Sentencias declarativas* (18 %)

Transcurrido un tiempo después de la incorporación del nuevo vocal, se ha procedido a contabilizar las sentencias dictadas por este juez y se han obtenido los siguientes datos:

- *Sentencias condenatorias:* 22

- *Sentencias absolutorias:* 34

- *Sentencias determinativas:* 66

- *Sentencias constitutivas:* 16

- *Sentencias declarativas:* 12

En base a estos datos, ¿el vocal incorporado a la sala ha seguido el patrón de sentencias dictadas por la sala con anterioridad a su incorporación?

Efectúa el estudio para los valores de significación del 5 % y del 1 %.

Solución 4.2.1 *Se trata de un test de homogeneidad.*

Los valores esperados de los distintos tipos de sentencias se obtienen multiplicando el porcentaje por el número total (150) de sentencias dictadas por el último vocal incorporado a la sala.

El contraste de hipótesis es el siguiente:

H_0 : Las sentencias del nuevo vocal siguen el patrón de la sala
H_1 : Las sentencias del nuevo vocal no siguen el patrón de la sala

Para $\alpha = 0,05$ el parámetro de contraste es $\chi^2_{4;0,95} = 9,4877$ y el estadístico es $9,7852$. Con lo que no se puede aceptar H_0.

Por otra parte, para el nivel de significación $\alpha = 0,01$ el parámetro de contraste es $\chi^2_{4;0,99} = 13,2767$ y el estadístico es $9,7852$. Con lo que no se puede rechazar H_0.

4.3.   Test chi-cuadrado de independencia

La finalidad de este procedimiento consiste en verificar si la población objeto de estudio se distribuye de forma independiente entre las distintas categorías de la variable cualitativa.

Para la toma de decisiones, se plantea el siguiente contraste de hipótesis:

H_0 : independencia entre la distribución de los individuos en cada categoría.
H_1 : no hay independencia entre la distribución de los individuos en cada
    categoría.

La región de rechazo es la misma que se ha expresado en la sección anterior.

Ejemplo. Para estudiar la incidencia del tabaquismo en el desarrollo del cáncer de pulmón se selecciona una muestra de 5.000, y se obtienen los resultados siguientes:

Enfermedad	Fumador/a		
	No	Moderado/a	Crónico/a
Sí	350	1.200	1.450
No	525	900	575

Contrasta, con un nivel de significación del $0,2\%$, si el hábito de fumar está relacionado con desarrollar cáncer de pulmón.

Solución. La tabla de contingencia de los datos observados con los totales es la siguiente:

Enfermedad	Fumador/a			
	No	Moderado/a	Crónico/a	Total
Sí	350	1.200	1.450	3.000
No	525	900	575	2.000
Total	875	2.100	2.025	5.000

La tabla de contingencia de los valores esperados es la siguiente:

Enfermedad	Fumador/a			
	No	Moderado/a	Crónico/a	Total
Sí	525	1.260	1.215	3.000
No	350	840	810	2.000
Total	875	2.100	2.025	5.000

El contraste de hipótesis es

H_0 : No existen diferencias significativas (independencia)
H_1 : Existen diferencias significativas (no independencia)

El estadístico de contraste es

$$\frac{(350-525)^2}{525} + \frac{(1{,}200-1{,}260)^2}{1{,}260} + \frac{(1{,}450-1{,}215)^2}{1{,}215} + \frac{(525-350)^2}{350} +$$

$$+\frac{(900-840)^2}{840} + \frac{(575-810)^2}{810} \approx 266{,}6078.$$

Por otra parte,

$$\chi^2_{(2-1)\cdot(3-1);1-0{,}002} = \chi_{2;0{,}998} \approx 12{,}0000.$$

Entonces, como $266{,}6078 > 12$, no debemos aceptar la hipótesis nula con un nivel de significación del $0{,}2\%$. Es decir, existe evidencia empírica de que el hábito de fumar está relacionado con desarrollar cáncer de pulmón.

4.3.1. Ejercicios propuestos

Problema 4.3.1 *Un grupo de personas graduadas en nutrición humana y dietética, pretenden estudiar si los hábitos alimenticios de los escolares y su coeficiente intelectual están relacionados. Para llevar a cabo la investigación, se han escogido al azar novecientos escolares.*

Los datos del muestreo se recogen en la tabla siguiente:

	Coeficiente intelectual			
	< 80	80-90	90-99	≥100
Nutrición buena	245	228	177	219
Nutrición pobre	31	27	13	10

¿Qué se puede afirmar con un nivel de significación del 5 %? ¿Y con un nivel de significación del 1 %?

Solución 4.3.1 *Se trata de un test de independencia entre el coeficiente intelectual y los hábitos alimenticios.*

El contraste de hipótesis es el siguiente:

H_0 : *El coeficiente intelectual es independiente de los hábitos alimenticios*
H_1 : *El coeficiente intelectual no es independiente de los hábitos alimenticios*

Para $\alpha = 0,05$ *el parámetro de contraste es* $\chi^2_{3;0,95} = 7,8147$ *y el estadístico es* $9,7514$. *Con lo que no se puede aceptar* H_0.

Por otra parte, para el nivel de significación $\alpha = 0,01$ *el parámetro de contraste es* $\chi^2_{3;0,99} = 11,3449$ *y el estadístico es* $9,7514$. *Con lo que no se puede rechazar* H_0.

Por lo tanto, se concluye que los resultados son probablemente significativos y que los hábitos alimenticios de los escolares no están relacionados con su coeficiente intelectual.

Problema 4.3.2 *Un determinado partido político desea conocer si en una determinada circunscripción la intención de voto es independiente de la edad. Para ello efectúa una encuesta preelectoral a 500 personas de la circunscripción por estudiar.*

Los resultados de esta encuesta, distribuidos en función de sus edades y de su intención de voto, se dan en la tabla siguiente:

Partido	Edades		
	18-35	35-50	$\geq$50
A	10	40	60
B	15	70	90
C	45	60	35
D	30	30	15

Con un nivel de confianza del 99 %, ¿puede afirmarse que la intención de voto es independiente de la edad?

Solución 4.3.2 *Se trata de un test de independencia entre la intención de voto y la edad.*

El contraste de hipótesis es el siguiente:

H_0 : *La intención de voto es independiente de la edad*
H_1 : *La intención de voto no es independiente de la edad*

Para $\alpha = 0,01$ el parámetro de contraste es $\chi^2_{6;0,99} = 16,8119$ y el estadístico es $70,8523$. Con lo que no se puede aceptar H_0.

Por lo tanto, la intención de voto cambia con la edad.

4.4. Exámenes años anteriores

1. (27 mayo 2011) En el *hall* de un edificio público existen cuatro puntos de información, abiertos al público general, con características idénticas. Estamos interesados en averiguar si en el momento en el que un ciudadano entra en el edificio y se aproxima a uno de los puntos de información, la elección se hace de forma aleatoria o por el contrario existe algún tipo de preferencia en la selección de alguno de ellos. La

siguiente tabla muestra el número de consultas realizadas en cada uno de los cuatro puntos de información durante una semana. Contrastar la hipótesis de que los puntos son seleccionados al azar, con un nivel de confianza del 95 %.

Punto de información	N consultas
1	15
2	22
3	18
4	17

(Solución: $1{,}44 \ngtr 7{,}815$. No se puede rechazar la hipótesis de homogeneidad. La elección del punto de información se hace de forma aleatoria.)

2. (11 julio 2011) Un estudio que se realizó con 81 personas referente a la relación entre la cantidad de violencia vista en la televisión y la edad del televidente produjo los siguientes resultados:

	Edad del televidente		
	16-34	34-55	55 o más
Poca violencia	8	12	21
Mucha violencia	18	15	7

¿Indican los datos que ver violencia en la televisión depende de la edad del televidente, a un nivel de significación del 5 %?

(Solución: $11{,}169 > 5{,}991$. Hay evidencias para rechazar la hipótesis de independencia. La edad del televidente parece que está relacionada con el tipo de televisión que ve.)

3. (25 mayo 2012) Un jugador de dados acusa al propietario de una sala de juegos de que el dado que se utiliza en su local no está equilibrado (tener la misma probabilidad de salir cada cara). El juez para poder emitir un veredicto pide que se efectúen 100 lanzamientos del dado y que se anote el número de veces que sale cada cara. A la vista de los resultados obtenidos y con un nivel de significación del 5 %, ¿se puede concluir que el dado no está equilibrado?

Puntuación del dado	Número de veces
1	14
2	22
3	18
4	17
5	20
6	9

(Solución: Como 6,44 $\not>$ 11,07, no hay evidencias para rechazar la hipótesis de homogeneidad y podemos concluir, con un 95 % de confianza, que el dado está equilibrado.)

4. (13 julio 2012) El consejo de administración de una multinacional quiere conocer si la opinión de sus accionistas respecto de una posible fusión es independiente del número de acciones que poseen. Para llevarlo adelante se escoge de forma aleatoria una muestra de 500 accionistas y se les pide su opinión. El resultado de la enquesta se refleja en la siguiente tabla:

	A favor	En contra	Indecisos
Menos de 200 acciones	25	18	21
Entre 200 y 1.000	93	62	67
Más de 1.000	82	70	62

¿Qué se puede concluir después del análisis de los datos?

(Solución: Como $1{,}52736 \not> 9{,}488$, no hay evidencias para rechazar la hipótesis de independencia y se puede concluir, con un 95 % de confianza, que la opinión de los accionistas respecto de una posible fusión es independiente del número de acciones que poseen.)

5. (31 mayo 2013) Se sabe por estudios anteriores que en las poblaciones en las que el grupo sanguíneo de las personas es el A o el B, este se distribuye de la forma siguiente:

Grupo sanguíneo y Rh	A^+	A^-	B^+	B^-
%	56,25	18,75	18,75	6,25

Los reclusos del Centro Penitenciario de Castellón tienen el grupo sanguíneo A o B. La dirección del centro tiene que hacer una previsión de las necesidades de plasma sanguíneo para el colectivo de reclusos. Para ajustar estas necesidades a la posible demanda real, la dirección del centro decide hacer un estudio para ver si la distribución del grupo sanguíneo y el Rh de los reclusos del centro se ajusta al de la población. Para llevar a cabo el estudio, se escoge al azar a 300 reclusos y, después de analizar su grupo sanguíneo y el Rh, se obtienen estos resultados:

Grupo sanguíneo y Rh	A^+	A^-	B^+	B^-
Número personas	165	47	67	21

¿Con un nivel de significación del 5 % podemos concluir que la distribución del grupo sanguíneo y Rh de la población reclusa del centro de Castellón se ajusta a la distribución teórica?

(Solución: Como $3{,}9288 \not> 7{,}815$, no hay evidencias para rechazar la hipótesis nula y se puede concluir, con un 95 % de confianza, que la distribución del grupo sanguíneo y Rh de la población reclusa del centro de Castellón se ajusta a la distribución teórica.)

6. (10 julio 2013) Los estudiantes del grado en Criminología y Seguridad acceden a la carrera desde el bachillerato o desde un ciclo formativo de grado superior. Se quiere determinar si este hecho tiene influencia en que los estudiantes abandonen sus estudios antes de cuatro años de estar cursando la carrera. Para contrastarlo se ha realizado una encuesta sobre una muestra de ambos grupos de alumnado, y se han obtenido los resultados siguientes:

	Sí abandonan	No abandonan
Bachillerato	24	50
Ciclo	6	10

¿A qué conclusión se llega con un nivel de significación del 5 %?

(Solución: Como $0{,}152 \not> 3{,}841$, no hay evidencias para rechazar H_0, y podemos concluir, con una confianza del 95 %, que la vía de acceso no influye en el abandono de la carrera.)

7. (13 junio 2014) La tabla siguiente recoge las características de 80 accidentes de tráfico ocurridos en un periodo determinado en una provincia.

Edad	Causas del accidente		
	Exceso de velocidad	Exceso de alcohol	Otras causas
[21,35[	9	27	1
[35,50[	17	4	5
[50,65[	3	2	12

Con un nivel de significación del 0, 05, ¿hay algún tipo de relación entre la edad y las causas del accidente?

(Solución: Como $50,0296 > 9,488$ hay evidencias para rechazar H_0, y podemos concluir, con una confianza del 95 %, que hay algún tipo de relación entre la edad y las causas del accidente.)

8. (10 julio 2014) Un estudio sobre la caries dental en la población reclusa de España efectuado en seis ciudades con diferentes cantidades de flúor en el suministro de agua ha proporcionado los resultados siguientes:

Ciudad	Número reclusos sin caries	Número reclusos con caries
A	38	87
B	40	85
C	30	95
D	44	81
E	64	61
F	32	93

A la vista de los datos, ¿qué se puede concluir, con un nivel de significación del 5 %, sobre la incidencia de la caries en los seis centros penitenciarios estudiados?

(Solución: Como $27,0852 > 11,07$ hay evidencias para rechazar la hipótesis de independencia y podemos concluir, con una confianza del 95%, que la incidencia de la caries depende de la cantidad de flúor en el suministro de agua.)

9. (12 junio 2015) El Servicio Nacional de Salud quiere verificar si la distribución proporcional del estado nutricional de los/las niños/as no varía en tres ciudades de una comunidad autónoma. Para contrastarlo, toma una muestra de niños/as de las tres ciudades y los clasifica según el estado nutricional, obteniendo la tabla siguiente:

Estado nutricional	Ciudad		
	A	B	C
Obeso	82	70	62
Sobrepeso	93	62	67
Normal	25	18	21
Delgado	16	15	18

En base a los datos recogidos, ¿qué se puede concluir con un nivel de significación del 5%? Es decir, ¿el estado nutricional depende de la ciudad donde se resida?

(Solución: Como $2,8063 \ngtr 12,59$ no hay evidencias para rechazar la hipótesis de independencia y podemos concluir, con una confianza del 95%, que el estado nutricional no depende de la ciudad donde se resida.)

10. (10 julio 2015) En un estudio de la Seguridad e Higiene en el Trabajo se constató la incidencia del tabaquismo en la gravedad de los accidentes laborales. Se escogió una muestra de 525 individuos que habían padecido un accidente laboral, de la que se obtuvo la información siguiente:

	Lesiones			
	Muy graves	Graves	Medianas	Leves
Muy fumador	20	10	10	30
Fumador	30	40	20	50
Fumador esporádico	10	60	80	60
No fumador	5	20	30	50

A la vista de los datos, ¿qué podemos concluir, con un nivel de confianza del 99 %, sobre la incidencia del tabaquismo en la gravedad de los accidentes laborales?

(Solución: Como $75,9110 > 21,67$ hay evidencias para rechazar la hipótesis de independencia y podemos concluir, con una confianza del 99 %, que el tabaquismo influye en la gravedad de los accidentes laborales.)

11. (26 mayo 2016) En una universidad dada se quiere determinar si el grado de satisfacción en el trabajo es independiente del rango que tiene el profesorado. Para poder determinarlo se pasa una encuesta al profesorado y se obtienen los datos que figuran en la tabla siguiente:

Satisfacción	Rango			
	Catedrático	Titular	Contratado doctor	Asociado
Mucha	40	60	52	63
Regular	78	87	82	88
Poca	57	63	66	64

Teniendo en cuenta estos datos y con un nivel de significación del 5 %, ¿qué se puede concluir? Razona la respuesta. (Nota: Para el cálculo de la n_e tomad todos los decimales.)

(Solución: Como $2,7508 \not> 12,592$ no hay evidencias para rechazar la hipótesis de independencia y podemos concluir, con una confianza del 95 %, que el grado de satisfacción es independiente del rango que tiene el profesorado.)

12. (4 julio 2016) En un sondeo de opinión pública se formula la siguiente pregunta: Fumar, ¿es nocivo para su salud? Las respuestas se recogen en la tabla siguiente:

	Opinión		
	Sí	No	Ns/Nc
Fumadores	40	20	12
No fumadores	49	7	12

Con un nivel de confianza del 95 %, ¿indican los datos que la respuesta a la pregunta depende de si una persona es o no fumadora? Razona la respuesta.

(Solución: Como $7,0593 > 5,9915$ hay evidencias para rechazar la hipótesis de independencia y podemos concluir, con una confianza del

95 %, que la respuesta a la pregunta depende de si la persona es o no fumadora.)

13. (26 mayo 2017) Se desea contrastar si la decisión de los votantes de cierto país, respecto a la reforma de la Constitución, es independiente de su nivel de ingresos. Para comprobarlo se ha tomado una muestra aleatoria de 1.000 votantes y se ha obtenido la siguiente información:

Reforma de la Constitución	Nivel de ingresos		
	Bajo	Medio	Alto
A favor	182	213	203
En contra	154	138	110

¿Qué se puede concluir con un nivel de significación del 5 %?

14. (30 junio 2017) Un grupo de investigadores estudia la posible relación entre el tipo de grupo sanguíneo y el grado de incidencia de una determinada enfermedad en la población. Los datos que han recogido se encuentran en la tabla siguiente:

Grado de incidencia	Grupo sanguineo			
	A	B	AB	O
Ausente	543	211	90	476
Moderada	44	22	8	31
Severa	28	9	7	31

Efectuando el estudio adecuado, ¿qué se puede concluir con un nivel de significación del 1 %?

15. (25 mayo 2018) Para un estudio se han seleccionado aleatoriamente dos muestras de estudiantes para analizar la distribución de sus notas: una muestra de 82 estudiantes de un centro público y otra muestra de 46 estudiantes de un centro privado. Los datos obtenidos vienen resumidos en la tabla siguiente:

	Insuficiente	Suficiente o bien	Notable	Excelente
Privado	6	14	17	9
Público	30	32	17	3

A la vista de los datos, ¿influye el centro en donde se estudia sobre la distribución de las notas? (Indicación: trabaja con todas las cifras decimales para determinar n_e.)

16. (28 junio 2018) Un grupo de investigadores desea estudiar la enfermedad de Alzheimer en asociación al sexo. Es decir, si padecer la enfermedad es independiente o no del sexo.

Para hacer el estudio se ha recogido una muestra de 779 personas y se han encontrado los valores expresados en la tabla siguiente:

	Enfermo de Alzheimer	
Sexo	Sí	No
Hombre	7	287
Mujer	33	452

Después del análisis de los datos y con un nivel de significación del 5 %, ¿qué se puede concluir?

17. (24 mayo 2019) En una empresa tienen organizados tres turnos de producción. El gerente de la empresa quiere saber si la cantidad de piezas fabricadas depende del turno en el que se realizan. Para averiguarlo ha recogido la información siguiente en un intervalo de 100 días.

Producción	Turno		
	Mañana	Tarde	Noche
[100,200[	12	12	13
[200,300[	7	12	12
[300,400[	10	8	14

Con un nivel de significación $\alpha = 0,2\,\%$, ¿qué se puede concluir?

BIBLIOGRAFÍA

[1] Bachman, Ronet y Raymond Paternoster. 2008. *Statistical methods for criminology and criminal justice.* McGraw-Hill.

[2] Cuadras Avellana, Carles. 2016. *Problemas de probabilidades y estadística. Volumen 2. Inferencia estadística.* Barcelona: Universitat de Barcelona.

[3] Espejo Miranda, Inmaculada et al. 2006. *Estadística descriptiva y probabilidad (Teoría y problemas).* 3.ª edición. Cádiz: Universidad de Cádiz.

[4] Forner Gumbau, Òscar. 2012. *Estadística Aplicada a l'Administració Pública.* Universitat d'Alacant. Servei de Promoció del Valencià.

[5] Forner Gumbau, Òscar. 2013. *Introducció a l'Estadística.* Universitat d'Alacant. Servei de Política Lingüística.

[6] Gutiérrez Cabria, Segundo. 1993. *Estadística para las Ciencias Jurídicas.* Valencia: Tirant.

[7] Pitman, Jim. 1993. *Probability.* Nueva York: Springer.

[8] Ruiz-Maya Pérez, Luis y Fco. Javier Martín-Pliego López. 2004. *Fundamentos de la inferencia estadística*. 3.ª edición. Madrid: Editorial AC Thomson.

[9] Spiegel, Murray R., John J. Schiller y R. Alu Srinivasan. 2006. *Probabilidad y estadística*. 2.ª edición. México: McGraw-Hill.

[10] Walker, Monica A. 1995. *Interpreting Crime Statistics*. RSS Lecture Notes Series n.° 1.

[11] Weisburd, David y Chester Britt. 2007. *Statistics in Criminal Justice*. Springer.

FT-2